中高生のお母さんを応援する にじ色式 部活レシピ

著 者　アテーナプロジェクト

監 修　坂 元 美 子

西日本出版社

はじめに

もっともっと「食」に興味を持とう

~ 部活を頑張る子どもたちへ ~

　私の主な仕事は、管理栄養士としてスポーツマンをサポートすることです。プロ選手だけでなく、アマチュアスポーツマンやその指導者、ときには子どもたちを相手に、食事と栄養について、セミナーを開いています。

　そんななかで、「昨日の晩、何食べた?」

　こんな問いかけに即答できない、あるいは一部しか思い出せない子どもたちが増えていることに気がつきました。

　近年、家庭での食環境は、一人で食べる孤食、同じ食卓でもそれぞれが別のものを食べる個食、ながら食いなど、いくつもの問題が注目されています。私自身、子どもたちと接していて、「食に関しての意識が低い、または皆無な子が増えている」ということを実感しています。

　思いは、親御さんたちも同じかもしれません。部活動をしているお子さんのお母さん方へのセミナーでは、皆さんとても熱心に受講されます。「お弁当に何を入れたらいいですか?」「バランスのよい食事とは?」と積極的に質問されます。

　お子さんの食生活について、とても熱心に考えておられることがわかります。「頑張っている子どもたちのために、食事に気配りをしたい。でも、何をどうやったらいいのかわからない」──そんな焦りにも似た思いがひしひしと伝わってきます。

　そんなとき、兵庫県淡路市にある、スポーツホテル「アテーナ淡路」から相談を受けました。淡路市は、神戸から明石海峡大橋でつながっている淡路島にあり、2002年サッカー・FIFAワールドカップ™のときにはイングランドチームが滞在したことでも知られているように、スポーツ競技場が数多くある地域です。このホテルはスポーツ合宿に特化したサービスをしているのですが、合宿に来た子どもたちの偏食に頭を痛めていました。体のためにしっかり食べないといけないのに、それができない子どもが多い。必要な栄養素をバランスよく摂ってもらうためにはどうしたらいいのか?

　料理長やスタッフとミーティングを重ね、「どうしたら好き嫌いなく必要なものを食べてくれるか」「食べ残しを減らすにはどうしたらいいか」を検討しました。単に献立の栄養素を説明するだけでは、子どもたちは耳を傾けてくれません。そこで私たちは、食品群を色分けして、子どもたちを楽しませる工夫をしようと考えました。肉は「赤」、緑黄色野菜は「緑」といった具合に食品群を「色」で分類

して、「赤、黄、緑……さあ、毎食すべての色を摂取しましょう！」とうたう方法です。でも、果たしてそれだけで「バランスのよい食事」は完成するのでしょうか。そこで、この色に何かひとつのテーマを設けてみてはどうだろう。できれば、体作りの基本である「食べる」ことがもっともっと楽しくなるような……。ふと頭に浮かんだのが、7色に輝く「虹」。

そうだ！ 虹がもつ「7色」にあわせて必要な栄養素を「7食」に分類してみよう。明るいイメージで、見ているだけでハッピーになれる7つの色。必要な栄養素をバランスよく摂るために、「7色（食）の虹を食卓の上に作ろう！」

こうして、このホテルの料理「アスリートミールプログラム」の核となるコンセプトが誕生したのです。

ただなんとなくカレーを食べるのではなく、「このカレーの中には何が入っているんだろう？」と、まず興味を喚起し、「豚肉だから赤」「にんじんは緑」と、虹の色に照らし合わせます。さらに、これを食べたら、「自分の体の中でどんな働きをしてくれるんだろう？」と、その興味を深化させることを目指します。

「自分はなんのために食べているのか」がわかってくると、今まで意識していなかった「食」への関わり方が確実に変わります。食品の持つ栄養とその意味を知って食べることで、必要な栄養素を効率よく摂取できます。その結果、自然にトレーニング効率が向上します。

本書では、スポーツホテル「アテーナ淡路」の料理レシピをもとに、お母さんが家庭で簡単に作れる料理を、バランスのよい献立にセットして紹介しています。基本は家庭料理ですので、難しく考えずに各家庭の味にアレンジして、作ってみてください。

この虹には、日々過酷なトレーニングに励むスポーツマンたちに向けて、「つらいトレーニングの先にはきっと、必ずきれいな7色の虹が見えるんだよ」、そんなエールも込めています。

「もっともっと食べることに興味を持って楽しめるように」この7色の虹が、小さなきっかけになってくれることを祈りつつ。

管理栄養士　坂 元 美 子

Contents [もくじ]

- 2 　はじめに
- 6 　にじ色理論
- 8 　ワンポイントセミナー「PFC比のおはなし」
- 9 　プロ選手のアスリートミール

11　部活レシピ 朝・昼・晩

12　朝練前の食事
- 14 朝練前1 とろろ汁、ツナとコーンのサラダ、ゴーヤーチャンプルー、白菜とサバの卵とじ
- 16 朝練前2 にらとにんじんの味噌汁、温泉卵、アボカドサラダ、豆腐のごまだれ
- 18 朝練前3 グリーンピース入りスクランブルドエッグ、野菜スープ、マグロのごま揚げ、にんじんグラッセ
- 20 朝練前4 さやいんげんのごま和え、カキの味噌風味グラタン、牛肉入りだし巻き

22　昼食・お弁当
- 24 昼食1 シーフードのパスタ、鶏肉とトマトのホイル焼き、レタスと大根のサラダ
- 26 昼食2 ピザトースト、エビマヨの卵巻き、スモークサーモンのポテトサラダ
- 28 弁当1 キムチ豚肉ロール、アスパラとツナのサンドウィッチ、白身魚のムニエル〜和風タルタルソース〜、さつまいもとレーズンのレモン風味
- 30 弁当2 ひじきの煮物、チーズ入り明太子コロッケ、豚肉のねぎ巻き
- 32 弁当3 鶏肉とりんごのロースト、タコと黒豆の煮物、ほうれん草のおひたし、ハチミツグレープフルーツ

34　部活後の夕食
- 36 夕食1 サーモンターメリックグラタン、牛肉と玉ねぎのすき焼き風
- 38 夕食2 水菜とマグロのトロトロ鍋、なすギョーザ
- 40 夕食3 マグロと海老の生春巻き、麻婆パスタ、ブロッコリーのからし和え、豚肉とにらのスープ
- 42 夕食4 ゴーヤーとパイナップルの白和え、にんじんドレッシング、ポークカレーライス

- 44 Break Time 坂元美子のブレイクタイム①

45　シーンごとのレシピ

試合直前の食事
- 46　試合3時間前　ねぎと納豆のお好みロール
- 47　試合1時間前　うどん入り茶碗蒸し

疲労回復
- 48　骨折予防1　スペアリブのクリームシチュー
- 49　骨折予防2　いわしの梅干煮
- 50　貧血予防1　レバーの香草フライ
- 51　貧血予防2　ひじきのコロッケ
- 52　練習直後1　梅干入りおにぎり、豚汁
- 53　練習直後2　ネバネバねぎとろライス

エネルギーが必要なとき
- 54　1　豚キムチチャーハン
- 55　2　力うどん
- 56　3　ミートソースパスタ

おやつ
- 57　補食1　オレンジゼリー
- 58　補食2　黒糖風味の蒸しパン

59　運動と食事 Q&A

64　Break Time　坂元美子のブレイクタイム②

65　基本のだしとソースの作り方

69　Break Time　坂元美子のブレイクタイム③

70　あとがき

赤・だいだい・黄・緑・青・藍・紫
～虹を作ることによってバランスよく～

　トレーニングを効率よくこなし、成果を出せる理想的な体を作るために、毎日の食事はとても重要です。当たり前のことでありながら、常に意識している方は少ないですね。いうまでもなく、バランスのよい食事は必要不可欠！　部活を頑張る子どもだけでなく、家族みんなで「7色の虹」を意識して食事を摂りましょう。

　まず、主菜となる肉や卵は、体内で血や筋肉のもととなるので"赤"に。

　ご飯やめん類などの主食は炭水化物。スポーツをするためのエネルギー源なので、明るいイメージの"黄"に。

　と、こんなふうに「わかりやすさ・覚えやすさ」を大切にしながら、食品群を赤～紫まで、7つの色に振り分けています。（右ページ参照）

　毎日の家庭での食事にも、ぜひこの虹を活用してください。「今日のお弁当は赤が不足していたかな？　だったら夕食はお肉をメインにしてみよう」。そんな感じでOKなんです。

　「食卓の上に7色の虹を」と意識すると、最初は戸惑うかもしれませんが、徐々に食品を見てパッと色が浮かぶようになるでしょう。「パスタは黄色、トマトは青。さて足りない色はなんだろう？」といった具合に。少しずつでもわかりはじめると、今度は7色そろえるのが楽しくなってきます。そして、自然にバランスのよい献立が食卓の上に並ぶようになります。

　成長期であり、なおかつスポーツをしている子どもたちには1日最低6色が必要。この場合、副菜は赤かだいだいどちらか1色でOK！　とはいってもあまり難しく考えないでください。「必ず7色」と思うと食事作り自体がプレッシャーになってしまいます。毎日のことですし、「たまには足りない色があってもいいや」くらいの気持ちでも大丈夫です。

　「○○が体によいらしい。だから○○を食べさせなくちゃ」ではなぜ○○が体にとってよいのか？　そこの部分を理解することも大切です。

　「ほうれん草には栄養がある。
　ほうれん草は緑黄色野菜だから緑。
　緑はビタミンで、体の調子を整えてくれる。
　でも、うちの子はほうれん草が嫌い……
　じゃあ、同じ緑グループのわかめを味噌汁の具にしてみよう」

　こんなふうに、理解することで食に対する意識がグッと深まります。すると実生活に応用しやすくアレンジや工夫の幅も広がります。お子さんと栄養のことを話題にしながら、それぞれのご家庭ならではの7色の虹を作ってみてください。

Rainbow Color

7色の虹

食品分類表

	カテゴリー	栄養素	役割	主な食材	ワンポイント・アドバイス
赤	肉、卵を含む〈主菜〉	・たんぱく質 ・ビタミン ・ミネラル	筋肉その他体の材料	牛肉、豚肉、鶏肉、卵	肉の中でも、特にビタミンB1が豊富な豚肉がおすすめ
だいだい	魚、豆腐、大豆食品を含む〈主菜〉	・たんぱく質 ・ビタミン ・ミネラル	筋肉その他体の材料	魚、豆腐、納豆、大豆食品	赤と同様に、主菜となるグループ
黄	〈主食〉	・炭水化物	スポーツをするためのエネルギー源	ご飯、めん類、パン、もち	主食をしっかり摂ることが大切！
緑	緑黄色野菜、海藻類、いも類を含む〈副菜・小鉢〉	・ビタミン ・ミネラル	体の調子を整える	ほうれん草、ブロッコリー、小松菜、かぼちゃ、にんじんなど	緑黄色野菜＝色のあざやかな野菜と覚えておくと便利
青	淡色野菜〈サラダなど〉	・ビタミン ・食物繊維	体の調子を整える	大根、きゅうり、トマトなど	トマトは淡色野菜
藍	牛乳、乳製品	・たんぱく質 ・ミネラル ・カルシウム	筋肉、骨の強化	牛乳、チーズ、ヨーグルト	牛乳、乳製品は、小魚、海藻類よりもカルシウムの吸収率が高い
紫	フルーツ	・ビタミン ・糖質 ・食物繊維	体の調子を整える	フルーツ	かんきつ類やキウイ、いちご、柿などビタミンCが豊富なものがおすすめ

●栄養素については基本的に「たんぱく質を多く」を心がけましょう。
●肉や魚などはたんぱく質が豊富であると同時に、脂質も含んでいます。
　また、炒める・揚げるなどの調理の過程でも油（脂質）を頻繁に使用します。
　したがって、脂質についてはあえて意識して摂る必要はない栄養素であると判断し、7色の分類には入れていません。

ワンポイントセミナー
「PFC比のおはなし」

栄養素の基本的バランスを表した「PFC比」をご存知ですか？ P＝たんぱく質（Protein）、F＝脂質（Fat）、C＝炭水化物（Carbohydrate）。これら"三大熱量素"のエネルギーが、1日の総エネルギー量に占める割合（％）の比を表したものです。PFC比は、最近ではメタボリックシンドローム対策や糖尿病の食事指導においても注目されています。

スポーツ選手にとっての理想のPFC比＝15：25：60

厚生労働省が推奨している値は13：25：62。スポーツ選手なら15：25：60。日本人のPFC比の推移を見ると、昭和53年（1978年）に14.8：22.7：62.5だったものが、平成10年（1998年）には16：26.3：57.7に。20年の間にF＝脂質が増加していることがわかります。さらに、平成15年（2003年）には脂質は30に。ちなみに、欧米のPFC比は20：40：40と脂質の量がグンと高め。日本人の食生活が確実に欧米化してきていることがわかります。

理想のPFC比に近づけるために「一汁三菜 ＋ 主食」を見直そう

脂質を摂りすぎることなく、理想のPFC比に近づけるためにはどうしたらよいのでしょうか。まず、洋食は和食に比べて脂質が多くなりがちです。パンはご飯より脂質が高く、それにバターやマーガリンも登場します。決して洋食はダメというわけではありませんが、少しでも工夫して脂質の摂りすぎを防ぎましょう。クロワッサンを胚芽パンにし、トーストにはバターではなくジャムをというふうに、日々の心がけで変わるのです。

「一汁三菜 ＋ 主食」という昔ながらの食事を見直してください。ご飯に味噌汁、おかずは主菜・副菜・副々菜の3品。副々菜というのは、漬け物や佃煮などの常備菜でいいのです。エネルギー源となるC＝炭水化物（ご飯などの主食）はスポーツ選手にとっては必要不可欠ですが、60％という数値は結構多い量です。これも食卓の一汁（味噌汁）と副々菜（漬け物・佃煮）をつけることにより、ご飯がすすみますね。

本書に登場するレシピで、PFC比が15：25：60により近く、特にスポーツをする成長期のお子さんにおすすめの献立をご紹介します。

- **朝　食**　P.16〜17　にらとにんじんの味噌汁、温泉卵、アボカドサラダ、豆腐のごまだれ、ご飯（茶碗2杯）、牛乳、バナナ
- **昼　食**　P.55　力うどん
- **おやつ**　P.57　オレンジゼリー　P.58　黒糖風味の蒸しパン
- **夕　食**　P.38〜39　水菜とマグロのトロトロ鍋、なすギョーザ、ご飯（茶碗2杯）、フルーツ、牛乳

「現場のスポーツ指導者も食事と栄養について学んでいます」

栄養に関する講演で各地を飛びまわっている坂元さん。2007年12月に三重県で開催された指導者対象のセミナーでは、中学校の野球部等の熱い指導者が集まり、試合当日の具体的な食事の摂り方や骨折予防、熱中症対策などをテーマに講義されました。

参加者は、「日々生徒たちに何を食べさせたらいいか試行錯誤です。保護者の方々からも、ご飯をたくさん食べさせるには？とか、遅い時間の夕食はどうしたらいいですか？と、食事についての質問は多いのです。具体的な実例や理論で教わることができたのは、非常にありがたいです」と感想を語っていました。

ここで学んだことを、指導者の皆さんが各校で実践され、多くの優秀な選手が育っていってくれることでしょう。

プロ選手のアスリートミール

強いチームは食事にも気を配っています。
実際にスポーツホテル「アテーナ淡路」で提供された試合直前合宿メニューを紹介します。

女子サッカー・TASAKIペルーレFC合宿メニュー

1日目 夕食
寄せ鍋、豚肉と野菜のホイル焼き、茶碗蒸し、タコ酢、吸い物、漬け物、サラダ、イチゴ、牛乳、ヨーグルト

2日目 朝食
だし巻き卵、ひじきの煮物、納豆、味付けのり、煮豆、バナナ、牛乳、味噌汁、漬け物、コーヒー、100％オレンジジュース

2日目 夕食
オリジナルアスリートカレー、ひじきコロッケ、野菜のコンソメスープ、オムレツ、アスリートサラダうどん、キウイ、牛乳、プリン

3日目 朝食
鮭の塩焼き、ちりめんじゃこ、納豆、味付けのり、生卵、バナナ、牛乳、味噌汁、漬け物、コーヒー、100％オレンジジュース

3日目 夕食
豚しゃぶ鍋、サバの塩焼き、刺身（マグロほか）、なます、吸い物、漬け物、サラダ、みかん、牛乳、ヨーグルト

4日目 朝食
魚の干物、かまぼこ、納豆、味付けのり、生卵、バナナ、牛乳、味噌汁、漬け物、コーヒー、100％オレンジジュース

※鍋料理はバランスよく食品が食べられるように一人鍋にしています。

スポーツホテル「アテーナ淡路」での「アスリートミール」の取り組み

プロアマ問わず多くのスポーツマンがやってくる「アテーナ淡路」では、
合宿の際、夕食と朝食は基本的にレストランでのフルバイキングです。
「好きなものを好きなように」取り分けるこのスタイルには、よい面と悪い面の両方があります。
自分で選ぶ楽しさがある反面、好き嫌いの多いお子さんなら
「お皿の上にウインナーてんこ盛り」なんていう状態になりかねないからです。

「7色の虹」を意識してバランスよく食べてもらう。
そのためにまず、「赤・だいだい・黄・緑・青・藍・紫」。この色ごとのプレート（案内板）を作成しました。
ただ色名を提示するだけでなく、各色に合わせたイメージ写真をバックに添えてバイキングテーブルの上に置きます。
このプレートを中心に、色ごとに幾種類もの料理が並びます。
「お皿の上に7色（食）の虹を作ろう！」と、説明が終わると、プレートを見ながら、
「赤だ」「青だ」と、ワイワイ言いながらお皿に取っていく子どもたち。
ただ単に「たんぱく質を摂りましょう」というだけではなかなか手が伸びないのが現実ですが、
「だいだい」のプレートの前に魚のムニエルや煮豆を置いておく。
「煮豆はちょっと苦手」だったら魚の方を取ればいい。これでだいだい色はクリア。
このように順番に赤から紫まで、自分のお皿の上に7色そろえるように意識してみる。
その結果、必要な栄養素を無理なく自然に摂取できるのです。
「アスリートミール」と銘打った「7色の虹」を活用するようになってから、
少なくともウインナーてんこ盛り状態のお子さんは見かけなくなりました。
食べ残しが大幅に減ったことも成果といえるでしょう。

部活レシピ 朝 昼 晩

- セットメニューは、食品が持つそれぞれの栄養素の相乗効果を高める組み合わせを載せています。
- 材料は特に記載のないかぎり2人分ですが、スポーツマンがしっかり食べることを想定しており、少し多めの分量になっています。調味料も同様ですので、各ご家庭で食べやすい量に調整してください。
- 電子レンジやオーブンの利用時間は、機種によって違いますので、各ご家庭のものに合わせて時間を加減してください。
- 計量器具の表示
  小1……小さじ1（5cc）
  大1……大さじ1（15cc）

朝練前の食事

一日を元気にスタートさせるための、最初の食事です。
朝食はエネルギー源となる炭水化物をしっかりと摂りましょう。
ご飯やパンなどの主食と、ビタミンB群を一緒に食べるのが効果的です。

＊ 朝練や勉強を強力バックアップ！「炭水化物＋ビタミンB群」

主食である炭水化物をすばやく効率的にエネルギーに変えるためにはビタミンB群が不可欠です。ビタミンB群は全部で8種類（B_1・B_2・B_6・B_{12}・葉酸・ナイアシン・パントテン酸・ビオチン）。特に豚肉・豆腐などのB_1や、卵や納豆などのB_2をしっかり摂るように心がけましょう。ちなみに卵料理は最も吸収率が高い半熟がおすすめです。

Point

ビタミンB₁は、必ずにおいの強い食材とペアで

豚肉や豆腐などに含まれるB_1は必ず、ねぎ、玉ねぎ、にら、にんにく、らっきょうなどと一緒に摂りましょう。にらやにんにくなど、一般的ににおいの強い食材の中に含まれている"硫化アリル"という物質には、ビタミンB_1の吸収をグンと高めてくれる働きがあるからです。糖質（炭水化物）の代謝に必要なビタミンB_1。そのビタミンB_1は「必ずにおいの強い食材と一緒に摂る」と覚えておくとよいでしょう。

ビタミンB群を使ったおすすめメニュー〈朝食〉

- 豚肉のしょうが焼き（豚肉＝B_1）＋玉ねぎスライスサラダ（玉ねぎ＝硫化アリル）
  ＋納豆＆きざみねぎ（納豆＝B_1、ねぎ＝硫化アリル）
- ハムエッグ（ハム＝B_1）＋玉ねぎスープ（玉ねぎ＝硫化アリル）
- 豆腐の味噌汁＆きざみねぎ（豆腐＝B_1、ねぎ＝硫化アリル）

吸収が早い糖質中心の食事であっても、消化吸収には最低3時間は必要だといわれています。試合当日の朝食はお腹にガスがたまりやすい炭酸飲料や、消化吸収に時間がかかる食物繊維の多い野菜、海藻、キノコ類は避け、少なくとも試合開始の3時間前には食べ終わるようにしましょう。朝から試合がある場合は、前の晩にしっかり食べるようにすれば朝食の量は控えめでも大丈夫です。

ビタミンB群を使ったおすすめメニュー〈試合前夜の夕食〉

- 豚キムチ（豚肉＝B_1、キムチ＝硫化アリル）
- ギョーザ（豚肉＝B_1、にら＝硫化アリル）
- ポークカレー（豚肉＝B_1、玉ねぎ＝硫化アリル）
- レバにら炒め（レバー＝B群、にら＝硫化アリル）

> レバーはビタミンB群の宝庫です！

＊一日のはじまりは、時間に余裕を持って起きることから

　朝食を食べる習慣がない。そんなお子さんたちに朝の様子をたずねてみると、どうやら登校時間ギリギリまで寝ているようです。時間がないから食べない、という悪循環。まずは時間に余裕を持って起きることからはじめてみましょう。少しずつ早起きできるようになってきたら、軽く体を動かしてみてください。そうして内臓も一緒に目覚めさせてから食卓につくとよいでしょう。

　食べる習慣をつけるために、まずはバナナ1本でもヨーグルト1個でも、味噌汁1杯だけでも、とりあえず朝何かを口に入れる習慣をつけるようにしてみてください。最終的には必要な栄養素である7色全部を食べることを目標に、あくまでお子さんのペースで少しずつゆっくりと進めましょう。

＊和食も洋食もOK、必要な栄養素をバランスよく

　「朝食には和食と洋食、どちらがいいですか？」
　お母さん方にとっては気になるところですが、答えは「どちらでもいい」です。和食であっても洋食であっても、7色の虹を意識していれば、必要な栄養素をバランスよく摂ることができるからです。ただし、洋食の場合、気をつけたいのが脂質。トーストにつけるバターやマーガリン、おかずのハムエッグなど。ついつい脂質が多くなりがちです。たとえば、トーストをやめて胚芽パンにしてみる。ハムエッグのかわりに半熟のゆで卵とサラダにしてみる。こんなふうに工夫して、脂質の摂りすぎを防ぐようにするとよいでしょう。

＊バナナは朝食の万能選手

　朝食にはバナナもおすすめです。糖質が多く吸収が早いためエネルギーに変わりやすいからです。また、バナナに豊富に含まれるカリウムも大切な栄養素。カリウムは汗と共に失われ、不足すると筋肉がけいれんを起こしやすくなります。レーズンなどのドライフルーツやスイカ、メロンなどもカリウムを多く含んでいます。
　朝食や試合前夜にドライフルーツをつまむのもよいでしょう。「寝坊してしまった！」そんな朝には、とりあえずバナナを1本食べてから出かけるようおすすめします。

朝練前 1

口あたりのよいとろろは起きぬけにおすすめ。
朝はご飯で炭水化物をしっかりと！
缶詰の煮汁がそのまま調味料になる卵とじは忙しい朝の優秀メニュー。

とろろ汁

<材　料>

- 長いも……10cm
- わかめ……適宜
- ねぎ……適宜
- だし汁……600cc ┐
- 味噌……大3   │ A
  酒、薄口しょう油、酢……少々

<作り方>

1. Aを鍋に入れ、沸騰してきたらあくを取り、酒、薄口しょう油を入れる。
2. 長いもの皮をむいて、酢を2、3滴落とした水に5分間浸けたあと、すりおろして「1」に入れる。
3. わかめ、ねぎをトッピングする。

ツナとコーンのサラダ

<材　料>

- ツナ……50g
- コーン……80g
- ロースハム……3枚
  粒マスタード……大1
  マヨネーズ……大5   A
  塩、こしょう……少々
  レモンしぼり汁……少々

<作り方>

1. ツナは油を切り、コーンは水けを切る。ロースハムは1cm幅に切る。
2. Aを混ぜ合わせ、「1」と和える。

ご飯
牛乳
フルーツ

ゴーヤーチャンプルー

<材　料>

- ゴーヤー……1本
- 玉ねぎ……1／2個
- にんじん……1／4本
- ピーマン……1個
- 豚バラ肉（薄切り）……50g
- もめん豆腐……1／4丁
- 卵……1個
  サラダ油、塩、こしょう、
  薄口しょう油、インスタントだし……各適宜

<作り方>

1. ゴーヤーを縦に2等分して種を取り、0.4cm厚の薄切りにし、塩を振り、よくもんでから水に10分間さらす。
2. 玉ねぎ、にんじん、ピーマンは0.5cm幅、豚バラ肉は1cm幅に切る。
3. 水切りした豆腐を1cm角に切り、油でさっと揚げる。
4. フライパンでサラダ油を熱して豚バラ肉を炒め、野菜、豆腐の順に入れてさらに火を通す。
5. 塩、こしょう、しょう油、インスタントだしを入れて味を整える。
6. とき卵で半熟より固めにとじる。

※ゴーヤー特有の香りが気になる場合は、卵を多めに入れると食べやすくなります。

※豆腐は、そのまま炒めると型くずれするので、テフロンの鍋に多めの油を入れて、炒めてもよいでしょう。

白菜とサバの卵とじ

<材　料>

- 白菜……葉6枚
- サバの味噌煮缶……1缶
- 卵……2個

<作り方>

1. 白菜の葉を5cm角に切り、サバと一緒に煮る。
2. 白菜から水が出て、沸騰してきたら卵でとじる。

※アクセントとして、七味唐辛子などで辛みを足してもよいでしょう。

朝練前 2

> 食欲のない朝はおにぎりにして食べやすさの工夫を。
> タンパク質の吸収率が最もよい半熟状態の温泉卵は朝食に最適。

にらとにんじんの味噌汁

<材　料>

- にら……1束
- にんじん……1/3本
- 薄あげ……1枚
  - だし汁……600cc　A
- 味噌……大3
  - 酒、薄口しょう油……少々

<作り方>

1. にんじんはたんざく切り、にらは3〜4cmのざく切りにする。
2. 鍋でAとにんじんを煮て、味噌をとく。
   （※P.15 とろろ汁の「1」参照）
3. にら、薄あげをトッピングする。

温泉卵

<材　料>

- 卵……2個
  - 水……大4
  - だし汁……120cc
  - みりん……20cc　A
  - 薄口しょう油……20cc

<作り方>

1. Aを鍋でひと煮たちさせたあと冷まし、たれを作っておく。
2. 卵を1個ずつ陶器の器に割り入れ、水を振りかける。
3. ラップをして電子レンジ（600W）で45秒くらい加熱する。
4. たれをかけていただく。

> ※温泉卵の、簡単な作り方。
>   時間がないときに役立ちます。
> ※破裂をさけるため、あらかじめ卵黄に竹串などで
>   小さく穴をあけておきます。

- ご飯
- 牛乳
- フルーツ

アボカドサラダ

<材　料>

- アボカド……1個
- トマト……1個
  - マヨネーズ……大1
- ヨーグルト……大1
- レモンしぼり汁……大1　A
  - 粒マスタード……大1
  - 塩、こしょう……少々

<作り方>

1. アボカドの中心に包丁を入れ2つに割り、スプーンで種を取り除いて実を1cm角に切る。
2. トマトは湯むきをし、種を取って1cm角に切って冷やす。
3. Aをボウルで和えてドレッシングを作り、野菜にかける。

> ※種と実を取り除いたアボカドの皮は、きれいに洗うと、サラダを入れる器としても使えます。

豆腐のごまだれ

<材　料>

- 豆腐……1/2丁
  - だし昆布……10cm
  - 水……500cc
  - すりごま……大1
  - ごまペースト……大2　A
  - ポン酢……大1

<作り方>

1. Aを混ぜてごまだれを作る。
2. 豆腐を6等分し、だし昆布とともに90℃で約5分あたためる。
3. 豆腐を湯切りしてごまだれをかけ、仕上げにすりごまを振りかける。

> ※豆腐に片栗粉をつけ、180℃の油で揚げてごまだれで食べてもおいしいです。

朝練前 3

> ビタミン・ミネラルたっぷり、野菜を「食べる」感覚の特製スープ。
> マグロとごまに含まれる良質の油脂が脳の働きをさらにUP!!

グリーンピース入りスクランブルドエッグ

<材　料>

- ● グリーンピース……75g
  オリーブオイル、バター……各適宜
- ● 卵……2個
- ● 牛乳……大2 ┐
  塩、こしょう……少々 ┘ A

<作り方>

1. Aをボウルでとく。
2. フライパンにオリーブオイルを熱し、あたたまってきたらバターを入れる。
3. A、グリーンピースの順にフライパンに入れ、卵が半熟より少し固めになったら火を止める。

野菜スープ

<材　料> 4人分

- 水……800cc ┐
  白ワイン……100cc ├ A
  固形スープの素……2個 ┘
- ● キャベツ……70g
- ● にんじん……1／4本
- ● じゃがいも……1／4個
- ● 玉ねぎ……1／2個
- ● トマトの水煮缶……400g
- ● ロースハム……2枚
  オリーブオイル……大2
  塩、こしょう……少々

<作り方>

1. Aを鍋に入れ、中火にかける。
2. キャベツとハムは2cm角、玉ねぎは1cm角に切る。にんじん、じゃがいもは乱切りにする。
3. 「1」の中に、にんじん、じゃがいもを入れて火が通ったら、キャベツ、玉ねぎ、水けを切ったトマトの水煮、ハムを入れる。
4. 沸騰してきたら、塩、こしょうで味をつける。
5. 仕上げにオリーブオイルを回し入れる。

マグロのごま揚げ

<材　料>

- ● マグロの赤身……100g
  濃口しょう油……50cc ┐
  みりん……50cc ├ A
  酒……50cc ┘
  卵白……1個分
  片栗粉、白ごま……適宜
  レモンしぼり汁……適宜

<作り方>

1. マグロを3cm角（厚さ1cm）に切り、Aに5分ほど浸ける。
2. 「1」を軽く拭きとり、薄く片栗粉をまぶし、卵白を通して白ごまをまぶす。
3. 170℃の油でマグロが浮いてくるまで揚げる。
　※食べる時にレモンをしぼる。

にんじんグラッセ

<材　料>

- ● にんじん……1／2本
  固形スープの素……1個
  バター……適宜
  水……400cc ┐
  白ワイン……50cc ├ A
  砂糖……大3 ┘

<作り方>

1. にんじんはラップをして電子レンジ（600W）で1～2分加熱する。
2. 「1」を乱切りにし、Aと一緒に煮る。
3. 弱火で30分ほど煮て、煮汁が1／3くらいになったら、固形スープを入れる。
4. バターを混ぜ入れて仕上げる。

● パン

※胚芽入りだとビタミンB₁が摂れてなおよいでしょう。

シェフからのアドバイス

● フルーツ入りヨーグルト

朝 練 前 4

カキは成長に欠かせない大切な栄養素、亜鉛の宝庫。
オーブントースターでサッと作れるグラタンは
朝食におすすめの一品。

さやいんげんのごま和え

<材　料>

- さやいんげん……150g
  - すりごま……大3
  - 濃口しょう油……大2　A
  - 砂糖……大1.5

<作り方>

1. さやいんげんの両端を切り落として3等分し、ゆでてざるにあげておく。
2. ボウルにAを入れ、「1」と和える。

カキの味噌風味グラタン

<材　料>

- カキ……300g
- 白ねぎ……1／2本
  - 白ワイン……大2
  - 白味噌……大3
  - パルメザンチーズ、パセリ、こしょう、サラダ油、小麦粉……各適宜
  - 小麦粉……50g
  - 無塩バター……50g　A
- 牛乳……500cc
  - 塩、こしょう、砂糖……少々

<作り方>

1. Aに白味噌を加えてホワイトソースを作る（→P.68参照）。
2. カキを水でよく洗い、こしょうを振り、小麦粉をまぶす。
3. フライパンに油をひき、カキの表面を焼き、さらに1cmに切った白ねぎを入れて焼き、白ワインをかける。
4. グラタン皿にバターを塗り、カキ、白ねぎ、ホワイトソースを入れ、チーズとパセリを散らす。
5. オーブントースターで10分焼く。

牛肉入りだし巻き

<材　料>

- 牛バラ肉またはロース（薄切り）……100g
  - カツオだし……100cc
  - 濃口しょう油……50cc　A
  - みりん……50cc
  - 砂糖……大2
- 卵……3個
  - カツオだし……50cc　B
  - 薄口しょう油……小1
  - 粉山椒、紅しょうが……各適宜

<作り方>

1. Aで牛肉を煮て、汁を切っておく。
2. Bを混ぜてフライパンまたは卵焼き器に流し入れ、弱火で薄く焼いた上に牛肉をのせて端から巻く。
3. 残りの卵を数回に分けて入れ、厚焼き卵にする。
4. 粉山椒、紅しょうがをつけ合わせる。

※青じその葉を添えると、風味が増します。

- 大豆のサラダ
- パン
- ヨーグルト
- オレンジジュース

昼食・お弁当

お弁当のおかずは、肉類や揚げものにこだわる必要はありません。
エネルギー源となるのはこれらたんぱく質ではなく、炭水化物だからです。
何より大切なのはバランスです。お弁当箱の中にも7色の虹を作りましょう。

＊実はダメ！ 試合当日のトンカツ弁当

「敵に勝つ」——そんな願いを込めてトンカツを入れるという気持ちはわかります。しかし、試合当日のお弁当にはおすすめできません。なぜなら、揚げものは消化吸収に時間がかかってしまうからです。もし試合中にまで消化吸収がおこなわれていたら、運動神経を100％働かせることができなくなってしまううえに、トンカツの栄養素は試合中には使われません。同じ豚肉を使ったメニューなら、豚肉のしょうが焼きなどの方がよいでしょう。

＊毎日のお弁当作りの参考に

① 色のきれいな野菜は栄養価も高い

毎日のお弁当作りに頭を悩ませるお母さん方も多いようですね。野菜に関しては、基本的に「色のきれいな野菜は栄養もたっぷりある」と覚えておくとよいでしょう。たとえば、ほうれん草やにんじん、かぼちゃやブロッコリーなどの緑黄色野菜はビタミンをたっぷり含んでいて、体の調子を整えてくれる食品です。それに色あざやかで見た目にもきれい。お弁当箱の中がパッと華やかになりますよね。緑黄色野菜を使ったおかずでおすすめなのは、かぼちゃの煮付け。かぼちゃは炭水化物も含んでいますから、エネルギー源にもなって一石二鳥です。毎日のお弁当作りに、ぜひ緑黄色野菜を上手に活用してみてください。

② 冷凍食品も賢く利用

最近はお弁当のおかず用の冷凍食品も実にバラエティに富んでいますね。

「電子レンジでチンはちょっと……」とか「便利だけど添加物などが心配」と思われているお母さんも多いようです。たしかに調理加工済みのフライなどに関しては少し抵抗があるかもしれませんね。では、シンプルにゆで野菜を冷凍しただけのものはいかがでしょう？ カットほうれん草や里いも、さやいんげんやかぼちゃなど、野菜そのものをゆでて冷凍しただけのものなら、野菜の皮をむいたりゆでたり切ったり、という朝のひと手間が省けます。

手作りで、ほうれん草やブロッコリーなど、時間があるときにまとめてゆでておくのもよいでしょう。1食分ずつラップに包んで冷凍しておけば、必要なときにサッと使えてとても便利です。毎日のお弁当作りを効率よくこなすために、冷凍した野菜を上手に活用するのも合理的ですね。

＊お弁当 ＋ おにぎりを2つ、3つ

　スポーツをしている成長期の男子にとって、1日に必要なエネルギー量は、約3,500〜4,000kcalといわれています。バランスのよい栄養素を7色で考えたときに、主食である"黄色"は、ご飯620g、パン120g、その他（うどん・もちなど）200g、これらすべてが必要になります。ちなみにご飯620gは大きめのお茶碗で約4杯。それだけ主食をしっかり摂らなければいけないということですね。とはいっても3食でこれだけの量はなかなか難しいかもしれません。そんなときは、「補食」としてご飯を利用してみてはいかがでしょう。毎日のお弁当とは別に、おにぎりを2〜3個持たせてあげてください。練習前のエネルギー源、そして練習後にはエネルギー補給として大活躍。小腹がすいたときにも、お菓子ではなくおにぎりを食べるクセをつけさせましょう。

　おにぎりの具には、疲労回復に役立つクエン酸の豊富な梅干がおすすめですが、もし梅干が苦手なら他の具材でも大丈夫です。その際、やはり同じクエン酸の含有量の多いオレンジジュースと一緒に食べるとよいでしょう。

Point

お弁当作りの三原則

　ごく基本的なことですが、お弁当作りの三原則は
①食品は必ず加熱すること。
②よく冷ましてからお弁当箱に入れること。
③水分の出やすい野菜は避けること。
　特に、お弁当が傷みやすい梅雨から夏にかけては徹底して守るようにしましょう。殺菌効果のある青じそを、せん切りにしておかずにのせておくのもおすすめです。

昼食 1

> 魚介類と肉——主菜が2プレートのパワフルメニュー。
> シンプルなサラダで野菜不足を解消！

シーフードのパスタ

<材　料>

- スパゲッティ……180g
- アサリ（殻つき）……100g
- イカ……40g
- むきエビ……40g
- にんにく……1／2片
- ミニトマト……4個
  バター……20g
  白ワイン……大2
  オリーブオイル、塩、こしょう、パセリ……各適宜

<作り方>

1. フライパンにオリーブオイルを熱し、バターを入れる。
2. にんにく、1cm角に切ったイカ、エビを入れて炒める。
3. イカ、エビに半分くらい火が通ったら、アサリを入れ、白ワインを入れて熱し、アルコール分をとばす。
4. 「3」にゆでたスパゲッティを入れ、1／4に切ったミニトマトを、塩、こしょうで味をつけて皿に盛り、パセリをきざんで散らす。

鶏肉とトマトのホイル焼き

<材　料>1人分

- 鶏もも肉……1／2枚
- トマト……1／2個
- 玉ねぎ（5mm厚輪切り）……1枚
  サラダ油、塩、黒こしょう……各適宜
- スライスチーズ……1枚
  レモンしぼり汁……少々

<作り方>

1. 鶏もも肉は、塩、黒こしょうで下味をつける。
2. サラダ油をひいたフライパンで、皮面を先にきつね色になるまで焼き、反対側の身も軽く焼いて、5等分に切る。
3. アルミホイルに玉ねぎ、鶏肉、6等分にしたトマトを置き、塩、こしょうで味をつける。
4. 上からスライスチーズをのせて、ホイルで包んで15分ほどオーブントースターで焼く。
5. 食べる時にレモン汁をかける。

レタスと大根のサラダ

<材　料>

- レタス……1／4個
- 大根……10cm
- ブロッコリー……適宜
  オリーブオイル……大2
- レモン……1／4個
  塩、こしょう、薄口しょう油、すりごま……少々

<作り方>

1. レタスを手でちぎり、大根は5cm×3cmの薄切りにして、水にさらしておく。
2. 水切りしたレタス、大根、ゆでたブロッコリーを、塩、こしょう、オリーブオイルで和える。
3. 仕上げにしょう油、すりごま、レモン汁を振る。

フルーツ

牛乳

昼食 2

> 野菜、肉に乳製品──具だくさんのピザトーストは
> おかず感覚で楽しみながら。
> アレンジ自在のエビマヨは活躍度大！

ピザトースト

<材料>

- 厚切り食パン……2枚
- グリーンピース……10g
- トマト……1個
- ベーコン……4枚
  ピザソース……適宜
- スライスチーズ……1枚

<作り方>

1. 食パンにピザソースを塗る。
2. 「1」の上にベーコン、薄くスライスしたトマト、グリーンピース、スライスチーズをのせる。
3. あらかじめあたためておいたオーブントースターで7分焼き、チーズがとけてきたら完成。

※好みでタバスコをかけてもよいでしょう。

エビマヨの卵巻き

<材料>

- むきエビ……50g
  卵白……1個分
  片栗粉、ごま油、塩、こしょう……各適宜
  マヨネーズ……大5 ┐
  ケチャップ……大1 │A
  加糖練乳……大1   ┘
- 卵……3個
  カツオだし……50cc ┐B
  薄口しょう油……少々┘

<作り方>

1. 卵白を泡立ててメレンゲにし、半分に切ったむきエビ、塩、こしょう、ごま油を入れて混ぜる。
2. 片栗粉を入れて混ぜ合わせ、180℃の油で揚げる。
3. 「2」にAを混ぜてかけ、エビマヨを作る。
4. Bを混ぜてフライパンまたは卵焼き器に流し入れ、弱火で薄く焼いた上にエビマヨをのせて端から巻いて焼き、卵巻きにする。

※エビマヨは、オムレツの具にしてもよいでしょう。

スモークサーモンのポテトサラダ

<材料>

- スモークサーモン……100g（6枚）
- じゃがいも……大3個
- きゅうり……1／2本
- 玉ねぎ……1／4個
- かたゆで卵……1個
  マヨネーズ……大4
  塩、こしょう……少々
- ブロッコリー……適宜 ┐
  イタリアンドレッシング、│（ブロッコリードレッシング）
  粒マスタード……各適宜 │
  レモンしぼり汁……適宜 ┘

<作り方>

1. じゃがいもの皮をむいて乱切りにし、水に塩を入れてゆでる。
2. 火が通ったら、水を切り、から煎りしてつぶす。
3. ポテトをボウルに移し、スライスして塩でもんだきゅうり、玉ねぎを入れる。
4. ゆで卵を乱切りにして入れ、マヨネーズ、塩、こしょうで和えてポテトサラダを作る。
5. ポテトサラダをピンポン玉くらいにまるめ、スモークサーモンで包む。
6. ブロッコリーはゆでて塩、こしょうで味をつけ、みじん切りにする。
7. ブロッコリーをイタリアンドレッシング、粒マスタードで和えて、皿に敷く。
8. 「7」にサーモンで包んだサラダを置き、レモン汁をかけていただく。

- ヨーグルト
- オレンジジュース

弁当 1

> お弁当タイムを彩るポップなサンドウィッチ。
> カリウムたっぷりのレーズンとエネルギー源にもなる
> さつまいもを甘く煮てデザートに。

キムチ豚肉ロール

<材料>

- 豚ロース肉（薄切り）……100g
- キムチ……50g
- 卵……1個
  生クリーム……少々
  小麦粉、パン粉……各適宜
- レモンしぼり汁……適宜

<作り方>

1. 豚肉の上にキムチ、その上に豚肉、キムチ、と2段重ねにしてロール状に巻く。
2. 塩、こしょうで味をつけ、小麦粉をまぶす。
3. とき卵に生クリームを入れて「2」をくぐらせ、パン粉をつけて180℃の油で4〜5分揚げる。
4. レモン汁をかけていただく。

アスパラとツナのサンドウィッチ

<材料>

- 食パン（サンドウィッチ用）……4枚
- グリーンアスパラ……8本
- ツナ缶……60g
  マヨネーズ……大2
  塩、こしょう……少々
- トマト……1/2個
  オリーブオイル、マーガリン、
  粒マスタード……各適宜

<作り方>

1. アスパラを、塩とオリーブオイルを入れた熱湯でゆで、氷水につけて冷やして縦半分に切る。
2. ツナをマヨネーズ、塩、こしょうで和える。
3. パンの上にマーガリン、粒マスタードを塗る。
4. その上にアスパラ、ツナ、薄切りにしたトマトを置いてパンではさむ。

白身魚のムニエル 〜和風タルタルソース〜

<材料>

- 白身魚……100g
  バター……10g
  塩、こしょう、小麦粉……少々
  マヨネーズ……100g
- 玉ねぎ（みじん切り）……10g
- きゅうり（みじん切り）……10g
- 長いも（とろろ）……10g   A
- ゆで卵（乱切り）
  塩、こしょう……少々
- レモンしぼり汁……大1

<作り方>

1. 白身魚を塩、こしょうで味つけし、小麦粉を振る。
2. フライパンにサラダ油を入れて「1」を焼く。
3. 焼きあがる寸前にバターを入れる。
4. Aを混ぜて和風タルタルソースを作り、白身魚にかける。

※ソースは4〜5日は日持ちするので、他の料理にもアレンジできます。

さつまいもとレーズンのレモン風味

<材料>

- さつまいも……1本
  水……500cc
  砂糖……25g
  レモンの皮……1/4個分
- レーズン……30g

<作り方>

1. さつまいもを1cmの輪切りにして鍋で火が通るまでゆでる。
2. 「1」を砂糖を入れた水に移し、沸とうするまで煮て、レーズン、レモンの皮を入れてすぐ火を止める。
3. 冷ましてから、さつまいもとレーズンを盛りつける。

※4〜5日は日持ちするので、おかずやおやつに応用できて便利です。

弁当 2

ひじきの煮物は、電子レンジで簡単下ごしらえ。
コロッケにはチーズを入れて乳製品をラクラク摂取。
少量でもうれしいお弁当のフルーツ。

ひじきの煮物

<材　料> 3〜4人分

- ひじき……25g
- 薄あげ……1枚
- にんじん……1／4本
  濃口しょう油……20cc
  みりん……25cc
  かつおだし……200cc（→P.66参照）
  湯……200cc
  サラダ油……適宜

<作り方>

1. 耐熱のボウルに、ひじきと200ccの湯を入れ、ラップをかけ電子レンジで3分加熱する。
2. せん切りにしたにんじんと薄あげを、サラダ油で炒める。
3. だし汁、みりん20cc、しょう油を入れて、煮汁がなくなるまで煮る。
4. 火を止める直前にみりん5ccを加える。

※甘みは、砂糖でなくみりんで調整できます。

チーズ入り明太子コロッケ

<材　料> 10〜12個分

- じゃがいも……3個
- からし明太子……1腹
  マヨネーズ……大2
- プロセスチーズ……30g
- 卵……2個
  生クリーム、小麦粉、パン粉……各適宜

<作り方>

1. じゃがいもは皮をむき、乱切りにしてゆで、つぶしながら、から煎りする。
2. 「1」の中にほぐしたからし明太子と、きざんだプロセスチーズを入れてよく混ぜ、ピンポン玉より少し小さめの球状にまるめる。
3. 「2」に小麦粉を薄くはたきつけて、生クリームを入れたとき卵にくぐらせパン粉をつける。
4. 180℃の油できつね色になるまで揚げる。

※明太子の味がついているので、ソースなどが不要。お弁当に便利です。

豚肉のねぎ巻き

<材　料>

- 豚ロース肉（薄切り）……100g
- 白ねぎ……2本
  片栗粉……適宜
  酒……50cc
  みりん……50cc
  砂糖……大2
  濃口しょう油……大1.5
  粉山椒、片栗粉……各適宜

<作り方>

1. 白ねぎを、3cmに切り、豚肉で巻く。
2. 「1」に片栗粉を振り、つまようじでとめておく。
3. フライパンにサラダ油を入れ、豚肉がきつね色になるまで焼く。
4. 焼きあがりに、酒、みりんを入れてアルコールをとばす。
5. 砂糖、しょう油をからめ、仕上げに粉山椒を振る。

- ご飯
- フルーツ

弁当 3

市販の黒豆煮で賢く時間短縮。
ほうれん草の鉄分はグレープフルーツのビタミンCパワーで
吸収率がグンとUP！

鶏肉とりんごのロースト

＜材料＞

- 鶏もも肉……1枚
- りんご……1/2個
  ハチミツ……大2
- スライスチーズ……2枚
  卵黄……1個分
  小麦粉……適宜
  バルサミコ酢……大4
  塩、こしょう……少々

＜作り方＞

1. 鶏肉を6等分にし、塩、こしょうで下味をつける。
2. 「1」に卵黄と小麦粉をまぶしてフライパンできつね色になるまで焼く。
3. 焼きあがったらバットに取ってハチミツを塗り、その上に薄切りにしたりんごをのせ、スライスチーズをかぶせる。
4. 熱したオーブントースターで7〜8分焼く。
5. 鍋にバルサミコ酢を入れ、量が半分くらいになるまで煮詰め、「4」にかける。

タコと黒豆の煮物

＜材料＞

- 黒豆煮(市販)……100g
- ゆでダコ……500g
  サイダー……100cc
  酒……200cc
  たまりじょう油……70cc
  濃口しょう油……70cc
  砂糖……35g、ざらめ……30g
  かつお節……1つかみ } A

＜作り方＞

1. 鍋の中に食べやすい大きさに切ったタコ、黒豆、A（かつお節はキッチンペーパーに包む）を入れる。
2. 圧力鍋で、弱火で30〜35分煮る。

※サイダーを入れると、タコがやわらかくなります。
また、砂糖を2種類入れると味にこくがでて、うま味が増します。
※たまりじょう油がない場合は、刺身じょう油を代用してもよいでしょう。
※圧力鍋がなければ、鍋にラップをかけ、上部の膨らんだ部分に箸で一度穴を開け、もう一度上からラップをかぶせて密閉すると同じようにできます。

ほうれん草のおひたし

＜材料＞

- ほうれん草……1束
  だし汁……300cc
  みりん……50cc
  薄口しょう油……50cc
  すりごま……適宜 } A

＜作り方＞

1. Aをひと煮たちさせて冷まし、だしを作る。
2. ほうれん草を塩ゆでし、氷水にとってしぼり、だしに浸す。
3. すりごまを振る。

※すりごまの代わりに、かつお、ちりめんじゃこなどをトッピングしてもよいでしょう。

ハチミツグレープフルーツ

＜材料＞

- グレープフルーツ……1/2個
  ハチミツ、ミントの葉……各適宜

＜作り方＞

1. グレープフルーツの皮をすべてむき、実だけにする。
2. ハチミツをかけて1時間ほどおく。
3. ミントの葉を添える。

- ご飯

部活後の夕食

部活に勉強にとフル稼働した一日を締めくくる夕食は、
消化が早く、低脂肪、高たんぱくのものが基本です。
炭水化物や脂質は、エネルギーとして消費されなかった場合に、
脂肪として体内に蓄積されるので注意が必要です。
加えて、疲労回復のために、ビタミンCやクエン酸も摂りましょう。
疲れを翌日に残さないことが大切です。

＊夜には夜のたんぱく質を

1回の食事が消化吸収されるには、一般的に約6〜8時間が必要だといわれています。したがって、夕食は寝る6〜8時間前までにすませることが理想です。とはいっても、毎日部活動で遅く帰る子どもたちの食事時間は遅くなりがち。それでもせめて寝る3時間前までには食べ終わるようにしたいものです。どうしても遅くなってしまった場合には、たんぱく質の中でも消化吸収の早いものを摂るようにしましょう。最も消化吸収に時間がかかるのは肉。続いて魚、大豆、そして一番早いのが卵や納豆。消化吸収が遅い肉や魚などは朝か昼に食べるようにして、遅めの夕食には消化吸収の早い湯豆腐などでたんぱく質を摂りましょう。さらに寝る30分前にコップ1杯の牛乳でたんぱく質を補えばかんぺきです。

逆に、早めに夕食をすませたら寝る前にお腹がすいてしまうこともあるでしょう。寝る直前に夜食を食べるのでなく、その分朝食をしっかりと、といいたいところですが、お腹が減って眠れないのはかわいそうですね。そんなときにはたんぱく質やカルシウムを含む食品を少量食べるのなら大丈夫です。たんぱく質やカルシウムは骨と筋肉の成長に必要な栄養素です。寝る直前に食べれば、寝ている間に骨と筋肉の合成が促進されるのです。

> 「どうしても」というときの夜食メニュー
>
> ①低脂肪ヨーグルト（たんぱく質、カルシウムを含む）
>   ※砂糖ぬきのプレーンヨーグルトにしましょう。
>
> ②とろろ昆布のスープ（カルシウムを含む）
>   ※低カロリーで満腹感が得られるとろろ昆布は、夜食におすすめの食材です。スープにたっぷりと入れましょう。
>   ※とろろ昆布自体に塩分が含まれるのでスープの塩分は控えめに。

✴ 食事中の水分補給より練習中の水分補給！

「量をあまり食べなくて……」という相談を受けたときに、まずお母さん方にたずねるのは、「食事の最中に水分を一緒に摂っていませんか？」ということです。水やお茶などをゴクゴク飲んでお腹がいっぱいになっているのではありませんか？ かたわらに500mlのペットボトルを置いて食事をしている光景が目にうかびます。

練習中とは逆に、食事のときに水分は摂らないほうがいいのです。水分によって胃液が薄まり、せっかくの栄養素の吸収を悪くしてしまうからです。どうしても、という場合はあたたかいお茶をおすすめします。できれば緑茶より、タンニンが含まれていない番茶やほうじ茶、麦茶がよいでしょう。タンニンは、成長に必要であり体の調子を整えてくれるミネラルの吸収を妨げてしまうからです。また、冷たいお茶はガブ飲みしてしまう恐れがありますので要注意です。

なるべく食事のときに飲み物を摂らないようにして、味噌汁やスープなどの汁物で水分を補うようにしてください。もともと、食物そのものにも水分は含まれているので、食事中に特に水やお茶などを飲む必要はないのです。

「食事中の水分補給より練習中の水分補給」を心がけるようにしましょう。

Point

わかめ＆ねぎを味噌汁のレギュラーに

食卓への登場頻度が高く、汁物の万能選手ともいうべき味噌汁。具に迷ったときにはぜひわかめを入れてください。わかめやひじきなどの海藻類は1日1回は必ず食べてほしい食品。味噌汁に入れることによって簡単にこのノルマが達成できるというわけです。

また、ねぎは豚肉や豆腐などに多い、ビタミンB1の吸収に不可欠な硫化アリルを含んでいます（→P.12参照）。豚肉を使ったおかずのときは特に、味噌汁にねぎを入れるとよいでしょう。豆腐（ビタミンB1）とねぎ（硫化アリル）の組み合わせもおすすめです。どんな具材のときにも仕上げにはサッとねぎを入れる。これを味噌汁作りのルールにしてもいいですね。めん類やスープをはじめ、あらゆるメニューのトッピングとしても大活躍のねぎは小口切りにして1食分ずつラップに包み、冷凍しておくと便利です。

部活後の夕食1

偏食の多い子どもたちにも大人気のカレー味。
朝食だけでなく夕食にも牛乳を。
ビタミンCたっぷりのグレープフルーツは疲労回復に大活躍!!

サーモンターメリックグラタン

<材　料>

- 🟠 サーモン切り身……200ｇ
  小麦粉、サラダ油……各適宜
- 🔵 玉ねぎ……1／2個
- 🔵 ミニトマト……1個
  塩、こしょう……少々
  マヨネーズ……250ｇ
  トマトケチャップ……20ｇ
- 🔴 卵黄……2個分
  ターメリック粉……大1　　　A
  カレー粉……大1
  カイエンペッパー……少々
  生クリーム……大1

<作り方>

1. サーモンは3cmくらいの角切りにし、塩、こしょうで下味をつけ、小麦粉をまぶしてフライパンで両面を軽く焼く。
2. グラタン皿に玉ねぎを薄切りにして敷き、サーモンを置く。
3. Aを混ぜてグラタンソースを作って「2」のサーモンにかける。
4. ミニトマトを1／4に切って、上に散らし、オーブントースターで7～8分焼く。

シェフからのアドバイス

※焼き上がったらグラタン皿から取り出して、トーストしたパンの上にのせると食べやすくなります。
※鶏肉、貝柱、エビ、マグロなどを使い、同じ作り方でアレンジできます。

牛肉と玉ねぎのすき焼き風

<材　料>

- 🔴 牛肉（薄切り）……300ｇ
- 🔵 玉ねぎ……1個
- 🟢 糸こんにゃく……1／2袋
- 🟠 もめん豆腐……1／2丁
  だし汁……280cc
  みりん……200cc　　A
  しょう油……120cc

<作り方>

1. 豆腐は8等分、玉ねぎは薄切りにし、糸こんにゃくはゆでてあく抜きをしておく。
2. Aに食材を入れて煮、あくをすくい取る。

- 味噌汁
- 🟡 ご飯
- 🔵 サラダ
- 🟣 グレープフルーツ
- 🔵 牛乳

部活後の夕食 2

あんかけ風のトロトロ鍋は寒い夜や風邪気味のときにほっこりと。ビタミンB_1（豚肉）と硫化アリル（にら）の黄金ペアであるギョーザは特に試合前夜におすすめ。

水菜とマグロのトロトロ鍋

<材　料>

- 水菜……1束
- マグロ（さく）……200g
- 絹こし豆腐……1丁
- 卵……3個
  - だし汁……1,000cc ⎫
  - 酒……100cc　　　　 ⎪
  - みりん……100cc　　 ⎬ A
  - 薄口しょう油……100cc ⎪
  - 片栗粉……大3　　　 ⎪
  - 水……大3　　　　　 ⎭

<作り方>

1. 水菜は5cmに、マグロは3cmのたんざく切りにする。豆腐は8等分にする。
2. 鍋にAを沸とうさせて、マグロと豆腐を入れて火を通す。
3. 「2」に水菜を入れて煮、火が通ったら、具のみを皿へ移す。
4. だしをこして、水溶き片栗粉を入れてとろみをつけ、卵でとじる。
5. だしを具にかけていただく。

※だしにとろみをつけるとき、具と別々にすることで豆腐がくずれなくなります。
※好みで粉山椒をかけてもよいでしょう。

シェフからのアドバイス

なすギョーザ

<材　料> 20個分

- なす……2個
- 豚ひき肉……100g
- にら……1／2束
  - オイスターソース……小1 ⎫
  - 卵黄……1個分　　　　　 ⎪
  - おろししょうが……適宜　 ⎬ A
  - 小麦粉……適宜　　　　　 ⎪
  - ごま油、塩、こしょう……少々 ⎭
  - コーンスターチ……大1　 ⎫
  - 卵黄……1個分　　　　　 ⎬ B
  - 小麦粉……100g　　　　 ⎪
  - 水……200g　　　　　　 ⎭
  - ぽん酢……大3　　　　　 ⎫ C
  - ねりからし、ごま油……少々 ⎭

<作り方>

1. なすを3mmの斜めスライスにして20枚くらいとり、水にさらす。
2. ざるにあげて、片面に小麦粉を振る。
3. 豚ひき肉に、みじん切りにしたにら、Aを混ぜてたねを作る。
4. たねをなすに挟み、二つ折りにする。
5. Bを混ぜたものに、「4」をくぐらせ180℃の油で揚げる。
6. Cでたれを作り、かけていただく。

- ご飯
- フルーツ
- 牛乳

部活後の夕食 3

> 市販の麻婆豆腐の素で手軽に作れるパスタ。
> カルシウム、鉄、ビタミンなどがたっぷりのブロッコリーは、
> からしでアクセントを。

マグロと海老の生春巻き

<材　料> 5本分

- 🟠 マグロ……80ｇ
- 🟠 むきエビ……15尾
  生春巻きの皮……5枚
- 🔵 レタス……5枚
- 🔵 きゅうり……適宜
  スウィートチリソース、すりごま……各適宜
  濃口しょう油……100cc ┐
  みりん……20cc　　　　├ A
  酒……20cc　　　　　　┘

<作り方>

1. マグロは5cmのたんざく切りにし、Aに10分つけておく。
2. 湯に塩、酒少々を入れてエビをさっとゆで、ざるにあげて冷ましておく。
3. 水で戻した生春巻きの皮にレタスをのせ、マグロ2本、エビを3尾おく。
4. 「3」にスウィートチリソースを塗り、せん切りにしたきゅうりを置いて、すりごまを散らして巻く。

麻婆パスタ

<材　料>

- 🟡 スパゲッティ……160ｇ
- 🟠 もめん豆腐……1丁
- 🔵 なす……1個
- 🟢 パプリカ……1個
- 🔵 レタス……4枚
- 🟢 ねぎ……適宜
  麻婆豆腐の素（市販）……適宜

<作り方>

1. 豆腐をさいの目に切り、湯であたためて水けを切り、あたためた麻婆豆腐の素とからめる。
2. なす、パプリカは5cm角に切り、素揚げする。
3. きざんだレタスを敷いた皿に、ゆでたスパゲッティをのせる。
4. 麻婆豆腐をかけ、なす、パプリカを散らし、きざみねぎをトッピングする。

ブロッコリーのからし和え

<材　料>

- 🟢 ブロッコリー……1株
  薄口しょう油……大3
  からし……8ｇ
  みりん……小1
  ごま油……小1
  塩、こしょう……少々

<作り方>

1. ブロッコリーは小分けしてゆで、塩、こしょうで薄く味をつける。
2. しょう油とからしをとき、みりんを加える。
3. 「2」の中にブロッコリーを入れて和え、ごま油をかける。

豚肉とにらのスープ

<材　料>

野菜のだし……600cc
- 🔴 豚バラ肉……40ｇ
- 🟢 にら……20ｇ
- 🔴 卵……1個
  片栗粉……適宜

<作り方>

1. 野菜のだしに、豚肉とにらを入れて煮る。（→P.67参照）。
2. 水とき片栗粉を入れ、とろみをつける。
3. とき卵を流し入れ、仕上げる。

- 🔵 **サラダ**
- 🟣 **プルーン入りヨーグルト**

部活後の夕食 4

ビタミンたっぷりのゴーヤーは、パイナップルと和えて苦味をやわらげる。
シンプルな海藻サラダは手作りにんじんドレッシングでビタミン・ミネラルをたっぷり補給。
カレーには豚肉のビタミンB₁の吸収をよくするらっきょうを添えて。

ゴーヤーとパイナップルの白和え

<材　料>

- ● ゴーヤー……1本
- ● もめん豆腐……1／2丁
- ● パイナップル……50g
-   生クリーム……小2
-   ごまペースト……大1   ⎫
-   砂糖……小2   ⎬ A
-   塩、薄口しょう油……少々 ⎭
-   かつおだし……100cc   ⎫
-   みりん……10cc   ⎬ B
-   薄口しょう油……10cc   ⎭

<作り方>

1. 豆腐は、昆布を入れた湯でさっとゆで、水を切る。
2. 豆腐とAをミキサーで混ぜる。
3. 生クリームを加え、冷蔵庫で30〜40分冷やす。
4. ゴーヤーを薄切りにして塩で軽くもみ、熱湯で湯通ししたのち冷水にとってしぼる。
5. Bをひと煮たちさせ、冷ましたものにゴーヤーを浸し、水けを切る。
6. パイナップルは角切りにする。
7. 「3」「5」「6」を混ぜ合わせる。

● **海藻サラダ**

にんじんドレッシング

<材　料>

-   米酢……50cc
-   トマトケチャップ……50cc
-   サラダ油……110cc
- ● 玉ねぎ（みじん切り）……40g
- ● にんじん……20g
- ● レモンしぼり汁……1／8個分
-   すりごま、塩、こしょう、砂糖、ごま油……少々

シェフからのアドバイス
※海藻サラダには、材料をミキサーにかけるだけの「にんじんドレッシング」がぴったり。さまざまなサラダ、生春巻き、肉のたたきなどのソースとしても相性がよく、作って2日目くらいになると、玉ねぎの風味がさらに出て味もなじみます。日持ちは冷蔵庫で7日くらい。

ポークカレーライス

<材　料> 4〜5人分

- ● 豚ロース肉……300g
- ● 玉ねぎ……2個
- ● じゃがいも……2個
- ● にんじん……1本
- ● なす……1個
- ● かぼちゃ……20g
- ● ピーマン……2個
-   固形スープの素……1個
-   好みのカレールー（市販）……100g
-   水……700cc

<作り方>

1. なす、かぼちゃ、ピーマンは素揚げしておく。
2. 豚肉は、塩、こしょうで味つけしてソテーする。
3. 鍋に水と固形スープの素を入れ、豚肉、玉ねぎ、じゃがいも、にんじんを煮込み、好みのカレールーを加えて、さらに煮込む。
4. 仕上げになす、かぼちゃ、ピーマンをトッピングする。

シェフからのアドバイス
※カレールーと水の分量は好みで調節してください。
※辛みが足りないときは、一味唐辛子でも調整できます。
※ご飯の上にスクランブルエッグや温泉卵をのせると、まろやかな風味になり、バリエーションを楽しめます。

● **らっきょう**

● **牛乳**

Break Time

坂元美子のブレイクタイム ①

トイレの貼り紙をきっかけにオリックス選手が…

　プロ野球「オリックス・ブルーウェーブ（現オリックス・バファローズ）」に、管理栄養士として勤務していたころの話です。選手の皆さんに、もっともっと栄養について知ってもらうための情報発信として、毎月テーマを決めてコラムを作成、A4のプリントにして食堂に置いたり、直接手渡したりしていました。でも忙しかったり疲れたりしている選手たちには、なかなか読んでもらえなかったのです。そこで目をつけたのが、究極のリラックススペース、トイレです。思い切ってトイレの壁に貼ってみました。これが結構、反響があったんです！

　「ビタミンB_1のおはなし」と題して、豚肉について書いたことがありました。ある日、朝食が終わった後、ひとりの選手が私のところにツカツカと歩いてきました。

　「今朝のおかず、なんで豚肉と玉ねぎが一緒に炒めてあるかわかったわ！　豚肉だけやったら意味ないもんなぁ」

　そうなんです。豚肉などのB_1は、硫化アリル（玉ねぎ、ねぎ、にらなどに含まれる）と一緒に摂らなければ吸収されないんです。

　この選手の嬉々とした表情に、私は心の中でガッツポーズ！

　食べたものが自分の体の中でどんなふうに役に立つのか、このちょっとした「気づき」が、食への興味を促し、新たな知識を得るきっかけとなる。そんなきっかけ作りも管理栄養士としての大切な役割のひとつなんだと、私自身も気づかせてもらった、ちょっぴりうれしい出来事でした。

シーンごとのレシピ

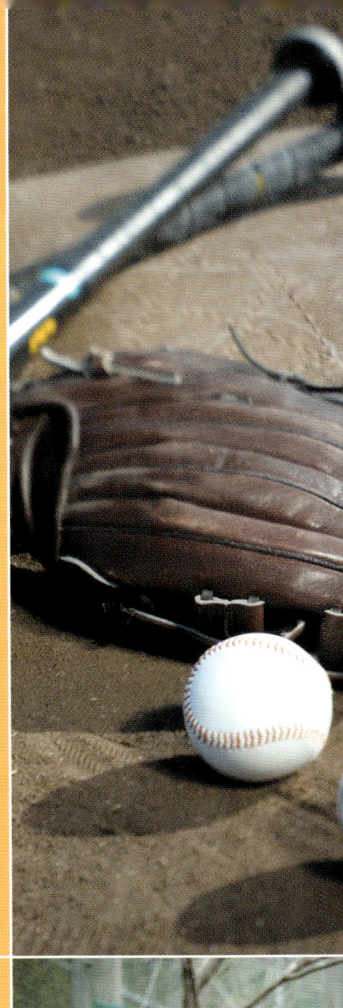

試合直前の食事

試合3時間前

試合の始まる1時間前に食べ終わることが鉄則です。1日に2試合以上ある場合、その間隔が1時間以上あるなら梅干入りおにぎり、あたたかいうどん、バナナ、カステラなどをオレンジジュースと共に。吸収が早くエネルギーに変わりやすい糖質と、試合中に体をバテにくくしてくれるクエン酸の組み合わせがおすすめです。時間がない場合はスポーツドリンクやオレンジジュースなど、糖質入りの水分を500ml程度摂るようにしてください。

ビタミンB1（納豆）と硫化アリル（ねぎ）の黄金ペアで
炭水化物（小麦粉）をすばやくエネルギーにチェンジ！

ねぎと納豆のお好みロール

<材　料>

- 納豆……1パック
- 青ねぎ……100g
- もち……1個
- 水……240cc ┐
- 小麦粉……170g ├ A
- インスタントだし……小1 ┘
- 濃口しょう油……50cc ┐
- ごま油……小1 ├ B
- 練りからし……少々 ┘

<作り方>

1. Aを混ぜ合わせ、生地を作る。
2. 220℃にあたためたホットプレートに生地を薄くのばして焼く。
3. 5mm角に切ったもちと、きざんだ青ねぎを生地に散らす。
4. 納豆を水で洗い、「3」の上にのせる。
5. 上から再度生地をかけて両面を焼き、ロール状に巻く。
6. Bを合わせてたれを作る。

試合直前の食事　試合1時間前

すばやくエネルギー源となるうどんを、茶碗蒸しで食べやすく。

うどん入り茶碗蒸し

<材　料> 1個分

- 🔴 鶏肉（ササミ）……10g
- 🟠 むきエビ……1個
- 🔵 しいたけ……1/2個
- 🟡 ゆでうどん……1/2玉
  ぎんなん、ゆず　みつば……各適宜
  かつおだし……210cc
- 🔴 卵……1個　　　　　　　　　　　　 ⎫
  薄口しょう油、うま味調味料……各適宜　⎬ A
  塩、みりん……少々　　　　　　　　　 ⎭

<作り方>

1. Aをよくとき、ざるでこす。
2. 鶏、エビ、しいたけをさっとしょう油につける。
3. うどんを湯洗いしてぬめりを取る。
4. ゆずとみつば以外の材料をすべて容器に入れ、蒸し器で強火で5分、その後中火で10分蒸す。
5. 蒸しあがりにゆずとみつばをのせる。

疲労回復　骨折予防 1

　疲労回復の黄金バランスは「糖質3：たんぱく質1」。できれば運動終了後2時間以内に、体重1kgあたり1gの計算で必要量の糖質を摂るようにしましょう。

　かんきつ類や梅干に含まれるクエン酸は、エネルギーの回復を早めるので、次のトレーニングの質を高めることにもつながります。

　コラーゲンは、骨の形成にとって、なくてはならない大切な栄養素。腱・じん帯・軟骨を作るもととして関節強化にも役立ちます。骨つき肉のスープやシチューなら吸収率も高く、骨からとけ出した良質なコラーゲンがたっぷり。口あたりもよいので、食欲のないときにもおすすめです。

良質なコラーゲンたっぷりのシチューは、食欲減退時にもおすすめ。

スペアリブのクリームシチュー

<材　料>2～3人分

- スペアリブ……4本（320～400g）
- ブロッコリー……1/2個
- じゃがいも……2個
- にんじん……1/2本
- 牛乳……700cc
  - 生クリーム……300cc ┐
  - バター……50g   │A
  - 塩、こしょう……少々 ┘

<作り方>

1. スペアリブは塩、こしょうで下味をつけ、フライパンで焼き目をつける。
2. じゃがいも、にんじんは、3cm角の乱切りにする。
3. Aとじゃがいも、にんじん、スペアリブを鍋に入れて中火にかける。
4. あくを取りながら、とろみがつくまで弱火で40分ほど煮込む。
5. 塩、こしょうで味を整え、ゆでたブロッコリーをトッピングする。

疲労回復　骨折予防 2

いわしに含まれるカルシウムを、梅干に含まれるクエン酸でグンと吸収率UP。

いわしの梅干煮

<材　料>

- いわし……小10匹（300g）
  梅干……3個
  水……120cc
  酒……120cc
  濃口しょう油……30cc ┐
  みりん……30cc　　　 ├ A
  砂糖……大1.5　　　 ┘

<作り方>

1. いわしのうろこ、頭、内臓を取り、流水で洗って水けを拭き取る。
2. 鍋にいわしを並べて入れ、梅干を3個入れる。
3. Aを注ぎ、落としぶたをして中火にかける。
4. 煮汁が半分くらいになったら、ふたをとり、煮汁をかけながら10～15分煮る。

疲労回復　貧血予防 1

レバーは体内への吸収がよい鉄や、エネルギーを
効率よく作り出すビタミンB群をたっぷりと含む優秀食品。

レバーの香草フライ

<材　料>

- ●牛レバー（薄切り）……100g（7～8枚）
  塩、こしょう……少々
- ●卵……1個
  小麦粉、パン粉、牛乳、
  パセリ（みじん切り）……各適宜
  とんかつソース、マヨネーズ、
  トマトケチャップ……各大2　┐
  ごまペースト、練りからし……各小2 ┘ A

<作り方>

1. 牛レバーは牛乳でさっと洗い、10分浸して水けを切る。
2. 「1」に塩、こしょうで下味をつける。
3. 小麦粉、とき卵、パセリを混ぜ合わせたパン粉の順に衣をつけ、180℃の油で3分くらい、色づく程度に揚げる。
4. Aを混ぜ合わせてオーロラソースを作り、「3」にかける。

※オーロラソースは、揚げ物と相性がいいので、他のフライにも応用できます。

シェフからのアドバイス

疲労回復　**貧血予防 2**

ひじき、ほうれん草などの鉄分はビタミンCのパワーで吸収率がグンとUP。

ひじきのコロッケ

<材　料>7～8個分

- ひじきの煮物……100g
  （P.31「ひじきの煮物」参照）
- じゃがいも……3個
- 鶏ひき肉……100g
  酒……300cc
  塩、こしょう……少々
  卵……1個
  小麦粉、パン粉……各適宜 ┘A

<作り方>

1. 皮をむいて乱切りにしたじゃがいもをゆで、柔らかくなったら水けを切ってから煎りし、ボウルに入れ、塩、こしょうで味をつけてつぶす。
2. 酒を鍋で沸とうさせ、鶏ひき肉を入れる。火が通ってきたらざるにあげる。
3. 「1」に、ひじきの煮物、鶏ひき肉を入れてよく練る。
4. 80gずつにまるめて形を整え、Aの衣をつけ、180℃の油で4分程度、カラッと揚げる。

※ひじきの煮物に味がついているので、ソースは不要ですが、オーロラソース（P.50）などをつけてもよいでしょう。
※ビタミンC補給にはレモンを添えましょう。

シェフからのアドバイス

疲労回復　練習直後 1

梅干に多く含まれるクエン酸で疲労回復！ 具だくさんの豚汁は主菜にもなる便利な一品。

梅干入りおにぎり

<材　料> 2個分

- 梅干……1個、●ご飯……140g
- ●焼きのり、塩……各適宜

<作り方>

1. 梅干は種を取る。
2. 手に塩をつけてご飯をのせ、中央に梅の果肉をのせて軽くにぎる。

※ラップでご飯を包み、軽くしぼると、柔らかめにふんわりとできあがります。

シェフからのアドバイス

豚汁

<材　料>

- ●豚バラ肉（薄切り）……50g
- ●にんじん……1／3本
- ●小いも……5個
- ●えのき茸……1／3袋
- ●ごぼう……50g
- ●もめん豆腐……1／4丁
- ●玉ねぎ……1／4個
- だし汁（かつお）……600cc
- 田舎味噌……大3
- 酒、薄口しょう油……少々
- ●青ねぎ……適宜

<作り方>

1. にんじんはたんざく切りに、ごぼうはささがきに、玉ねぎは薄切りにする。豆腐はさいの目に切る。
2. ごぼう、にんじん、小いもは、あらかじめゆで、水切りしておく。
3. だしの中に具材と材料をすべて入れ、あくを取り、火を通す。味噌をとき入れてひと煮たちさせる。

疲労回復　練習直後 2

子どもが大好きなねぎとろとマヨネーズで、納豆嫌いを克服！

ネバネバねぎとろライス

<材　料>

- ご飯……600g
- ねぎとろ……30g
- 納豆……40g
- 長いも……5cm
- オクラ……2本
- アボカド……1／2個
- 卵黄……1個分
- マヨネーズ……大1
- レモンしぼり汁……少々
- 青ねぎ、きざみのり、わさび、薄口しょう油……各適宜

<作り方>

1. 納豆に青ねぎをきざんで混ぜる。
2. オクラはゆでてたたき、長いもはたんざく切り、アボカドはサイコロ状に切り、すべてボウルで混ぜ合わせる。
3. 「2」にねぎとろを入れ、レモン汁とマヨネーズを加えて和える。
4. しょう油に好みの量のわさびを混ぜて、「3」に加える。
5. ご飯を皿に盛り、その上に「4」をのせる。
6. 仕上げに卵黄をのせ、きざみのりをのせ、好みでわさびを添える。

エネルギーが必要なとき 1

合宿中などは、いつも以上にしっかり食べるように気をつけましょう。なぜなら、合宿の目的は「体作り」でもあるからです。「食事もトレーニングの一部である」という意識を持って食べることが大切です。効率よく効果を上げるためにもトレーニングと同じように頑張って食べましょう。

豚肉（ビタミンB_1）とキムチ（硫化アリル）はエネルギーチャージの優秀料理。

豚キムチチャーハン

<材 料>

- 豚バラ肉（薄切り）……50g
- キムチ……30g
- レタス……2枚
- 卵……1個
- ご飯……200g
- ごま油……大2、小1
- 青じそ、塩、こしょう、薄口しょう油、はじかみしょうが……各適宜

<作り方>

1. ごま油大2をフライパンで熱し、小口切りにした豚肉を炒める。
2. 豚肉に火が通ったら、とき卵を入れ、半熟のときにご飯を加える。
3. 塩、こしょうで味をつけ、ご飯がパラパラになるまで炒める。
4. キムチを加えて、薄口しょう油、塩、こしょうで味を整える。
5. レタスを入れて軽く炒める。
6. 仕上げに、ごま油小1を回し入れる。きざんだ青じそ、はじかみしょうがをトッピングする。

エネルギーが必要なとき 2

うどんともち、ダブルの炭水化物でしっかりとエネルギー・チャージ！

力うどん

<材　料>1人分

- かつおだし……200cc ┐
- みりん・薄口しょう油……各25cc ┤ A
- 酒、塩、砂糖……少々 ┘
- 🟡 うどん……1玉
- 🟡 丸もち……1個
- 🟠 かまぼこ……2枚
- 🟢 青ねぎ……適宜

<作り方>

1. Aを鍋に入れて火にかけ、うどんつゆを作る。
2. 味をみて足りなければ塩で整える。
3. ゆでたうどん、焼いたもち、かまぼこ、きざんだ青ねぎを入れる。

エネルギーが必要なとき 3

手軽にできる手作りソースで野菜不足を解消。

ミートソースパスタ

<材 料>

- 🟡 スパゲッティ……160g
  - トマトソース……250cc
  - （→P.69参照）
- 🔵 完熟トマト……1／2個
- 🔵 玉ねぎ……1／4個
- 🔴 ひき肉（合いびき）……50g
  - 赤ワイン……大1
  - オリーブオイル……大1
  - 塩、こしょう、トマトケチャップ……各適宜

<作り方>

1. フライパンにオリーブオイルを熱し、玉ねぎ、ミンチ、赤ワインを入れて炒める。
2. 鍋にトマトソースを入れ、「1」と湯むきしたトマトを入れる。
3. 塩、こしょう、トマトケチャップで味を整える。
4. 「3」をゆでたスパゲッティにかける。

※スパゲッティの下に、きざんだレタスやトマトを敷くと、ボリュームが出て、かつヘルシー。
※ソースは冷凍保存OK。豚肉のソテーやハンバーグなどにも応用できます。

シェフからのアドバイス

おやつ 補食 1

スポーツマンにとって、間食は甘食（おやつ）ではありません。あくまでも3食で摂りきれない栄養素を摂るための「補食」であると考えましょう。手軽に作れる黒糖（各種ミネラル）とスキムミルク（カルシウム）の蒸しパンに、レーズンなどのドライフルーツ（カリウム）をプラスするのもおすすめです。また、ゼラチンで作ったゼリーにはコラーゲンがたっぷり。体内でコラーゲンを作りやすくするビタミンCと一緒に摂るようにしましょう。

ビタミンCがコラーゲンの生成を強力バックアップ！

オレンジゼリー

<材　料>

- オレンジジュース（果汁100％）……600cc
  板ゼラチン……15g
  ミントの葉……適宜

<作り方>

1. 板ゼラチンは水で戻しておく。
2. ジュースを鍋で沸とうさせないようにあたためる。
3. 70℃程度になったら板ゼラチンを入れてとかして、茶こしなどでこす。
4. 容器に入れて40分冷蔵庫で固める。
5. ミントの葉を添える。

※グレープフルーツ、マンゴーなどの100％果汁でアレンジもOK

シェフからのアドバイス

おやつ　補食2

黒糖のミネラルたっぷり。補食としての一品。

黒糖風味の蒸しパン

<材　料> 10個分

- ホットケーキミックス（市販）……100g
- 牛乳……65cc
  ハチミツ……大2
- 卵……1／2個
  黒糖………適宜

<作り方>

1. 材料を混ぜ合わせて生地を作り、銀カップに流し入れる。
2. 沸とうした蒸し器で10〜15分蒸し、上から黒糖を振って風味をつける。

シェフからのアドバイス
※カルシウム強化にはスキムミルクを少し加えましょう。
※レーズン、栗、さつまいもを煮たもの、パイナップル、ごま、ココアなどをトッピングして蒸せば、さまざまな風味にアレンジできます。

運動と食事 Q&A

Question & Answer

> 運動と勉強に頑張る成長期の子どもの食について、お母さんたちの悩みにお答えします。

Q&A

Question & Answer

Q1 練習後、疲れているせいか食が進まないことが多いです。成長期なので食べてほしいのですが。

A1 食欲がないときは、お子さんも自身もつらいですね。ちょっとした工夫で乗り切りましょう。
①何回かに分けて少しずつ食べるようにする
②のどごしのよいものをメインにする……夏場ならめん類などがいいですね。
③スパイスを効かせる……刺激が食欲につながります。おすすめはカレー味です。

> **! ワンポイント**
> いつもの和えものに少しだけカレー粉をプラスしてみてください。

> **!! NG**
> 食欲がないときは、特に水分の摂りすぎに注意しましょう。水分だけでお腹がいっぱいになってしまうからです。食事のときは基本的に水分は不要です。

Q2 よくいわれる必要な栄養素と摂取カロリー、どちらを優先させるべきでしょうか？

A2 正解は、栄養素です。お子さんのトレーニング量に合わせた、必要な栄養素を摂るようにすると、必然的に必要なカロリーも摂取できます。逆に、カロリーを主軸に考えてしまうと必要な栄養素を満たすことができないこともあります。

> **! ワンポイント**
> 常に7色を頭におくようにしてください。

Q3 普通の牛乳、低脂肪乳、濃厚牛乳……どれを飲ませたらいいですか？

A3 スーパーに並ぶ牛乳の種類が増えて、迷われるのも当然だと思います。基本的には普通の牛乳でいいのです。ただし、体重制限がある場合は低脂肪乳をおすすめします。普通の牛乳、低脂肪乳、濃厚牛乳……これらの違いは脂肪の量です。ちなみに、脂肪は筋肉には変わりません。筋力をつけたいからといって濃厚牛乳を飲んでも、残念ながら効果はありません。

> **! ワンポイント**
> 全体的に食欲が落ちていて必要なエネルギーの摂取が難しいときには濃厚牛乳がよいでしょう。コクのある口当たりは比較的飲みやすく、最低限のエネルギーを確保することができます。

Q4 野菜嫌いで困っています。

A4 Q1と同様、日々のちょっとした工夫を大切に。香辛料（カレー粉など）を上手に使って味をアレンジしてみてください。特にカレー味は子どもたちに好評ですね。また、野菜を加熱するのもおすすめです。加熱することでかさが減って、自然にたくさん食べられます。

❗ワンポイント
全体的に食欲が落ちているときには、ビタミンやミネラルが豊富な緑黄色野菜を摂るようにしましょう。これらはサラダなどの淡色野菜よりも緑黄色野菜の方により多く含まれています。

👆イチオシMENU
■成長期におすすめ

野菜たっぷりシチュー
こっそり、ほうれん草などを入れてみましょう。シチューにして脂肪分と一緒に食べることによって、苦手な野菜もおいしく味わえます。

Q5 偏食気味で、食べる量が少ないのですが大丈夫でしょうか？

A5 「1日3食」にこだわる必要はなく、お子さんにとって1日に必要な量（栄養＆カロリー）さえわかっていれば問題ありません。1回に食べる量が少なければ、「1日3食」にこだわる必要はありません。思い切って量を減らして回数を増やしてみましょう。少しずつ4食、5食でもOK。お弁当も2食に分けてもいいんです。

❗ワンポイント
「スポーツをする体力」と同様に、「食事をする体力」も大切なのです！

Q6 通学に時間がかかり、練習が終わってから夕食までもたないようです。部活帰りにちょっと食べるには何がよいでしょうか？

A6 練習後はできるだけ早く栄養補給をすることをおすすめします。疲労回復のためにも自宅での夕食までに、軽食をはさむようにしましょう。疲労回復の黄金バランス＝糖質3：たんぱく質1、これにクエン酸が加わればかんぺきです！

❗ワンポイント
練習後30分以内、この代謝が高まっているときこそが栄養補給のチャンスです。2時間以上経過してから補給しても1／2程度の回復しか期待できません。できるだけ早く、そして手軽に栄養補給するために。おやつを選ぶのではなく食事（補食）を選ぶ場所として、コンビニを上手に利用しましょう。

👆イチオシMENU
■体重50kgの人がコンビニで買う場合

梅干入りおにぎり1個＋牛乳200ml＋ゆで卵
おにぎりの具は必ず梅干を！ 梅干に含まれるクエン酸が疲労回復に役立ちます。

卵とハムのサンドウィッチ ＋ オレンジジュース 200ml
コンビニで売っている三角サンドで十分です。

Q&A

Question & Answer

Q7 多種多様なサプリメントとの上手なつき合い方とは？

A7 まずは現在の食事内容を見直すこと。そして、その上で足りない栄養素をサプリメントで補う、という考えが大切です。
①まず、「自分にとってどの栄養素が1日にどれだけ必要なのか」を知り、②そのためには、「どんな食品をどれくらいの量を食べればいいのか」を考え、③その上で、「食事で満たすことができなかった分をサプリメントで補う」ようにしましょう。

> **❗ワンポイント**
> ただし、風邪を引いているときや減量のための食事制限中は例外です。摂ることができない栄養素がある場合は、不足している栄養素を上手にサプリメントで補うようにしましょう。

Q8 アレルギーがあるのですが……。

A8 アレルギーは主に肉、魚、牛乳、卵、大豆などのたんぱく質が原因となっている場合が多いですね。でも、食べられないからといって神経質になる必要はありません。「魚がダメなら肉、牛乳が飲めないなら豆乳」というように、同じグループの中で他の食品をかわりに摂ればいいだけです。米や小麦が原因の場合も同様です。米がだめならパンやめん類、小麦がだめなら米、どちらもだめならいも類や栗、とうもろこしなどを食べればいいのです。基本的にアレルギーがある場合は、原因物質は摂らないようにして代替食品で補うようにすれば大丈夫です。

> **❗ワンポイント**
> 多くのプロテインには材料として大豆、牛乳、卵が使われています。何から抽出されたサプリメントなのか、アレルギーのある方は事前に成分表を確認するようにしてください。

Q9 もっと身長を伸ばしたいのですが、カルシウムを多く摂取すればよいでしょうか？

A9 たしかに、カルシウムやたんぱく質は骨の成長には欠かせない大切な栄養素です。かといってこれらだけを頑張って摂取しても効果はありません。たんぱく質を合成するためにはビタミンB群が必要です。また、炭水化物が足りなければ、たんぱく質が体の材料にならず、エネルギーとして使われてしまいます。必要な栄養素をバランスよく食べましょう。さらに、成長期でスポーツをしているお子さんはたくさんの量を食べることも必要です。

> **❗ワンポイント**
> 常に姿勢よく！背筋をピンと伸ばすことも成長には不可欠なのです。

Q10 白米より玄米のほうが、栄養的にいいのでしょうか？

A10 答えは「イエス」です。玄米にはビタミン、ミネラルがたっぷり含まれています。必要な栄養素を簡単に摂るためには、白米より玄米をおすすめします。

●エネルギー代謝に必要な栄養素
- ビタミンB1…玄米は白米の**8倍**
- ナイアシン…玄米は白米の**14.5倍**

●汗で失われる栄養素／
　筋肉から失われるとけいれんが起こりやすくなる
- カリウム…玄米は白米の**3.3倍**
- カルシウム…玄米は白米の**2.3倍**
- マグネシウム…玄米は白米の**7倍**

※カルシウムやマグネシウムが不足するとイライラして集中力が低下する。
■参考資料／白米と玄米の栄養比較（一部抜粋）

ワンポイント
ただし、玄米は消化吸収に時間がかかります。試合直前に食べる梅干入りおにぎりなどは、白米で作るようにしましょう。

Q11 練習中の効果的な水分補給の仕方を教えてください。

A11 「のどが渇いた」と感じた時点ではすでに体内の2％の水分が消失されています。人間は体重の2〜3％の水分を失うと運動能力が落ちるといわれています。つまり渇いてから水分補給していては遅いのです。対策としては、こまめに水分補給すること。100〜200mlの水分を15〜20分おきに摂るようにしましょう。水温は5〜10℃がおすすめ。冷たい方が吸収が早く、また体の中から冷やすことで熱中症予防にもなるのです。

また、90分を超えるトレーニングの場合は、水分補給と同時に栄養補給も必要になります。最初の補給から6％程度の糖質入りのスポーツドリンクや、半分に薄めたオレンジジュースを飲むようにしましょう。

こまめに水分補給していても、汗で失った分と同じだけの水分を吸収するのはなかなかむずかしいもの。さらに運動の30分前までに500mlの水分を摂っておきましょう。500mlの水分の吸収には20〜30分かかるからです。

このようにあらかじめ水分補給しておくことによって、運動能力を下げずに効率よくトレーニングできます。

練習・試合前後の体重減少量が2％を超えないように（2％＝体重50kgの人なら1kg）。自分自身の水分補給の目安をつかむためにも、必ず前後で体重測定をする習慣をつけましょう。

ワンポイント
試合中は緊張をともない、なかなか水分補給まで意識がまわらないのが現実のようです。まずは試合形式の練習などを利用して、水分補給のタイミングをつかむトレーニングをしてみてください。

Break Time

坂元美子のブレイクタイム ②

日本食を見直そう ～若いスポーツ選手たちへの警告～

　若いスポーツ選手たちを見ていると、今さらながら「体は食事からできている」ことを、痛感します。ベテランのスポーツ選手は、しっかりと体ができています。彼らは昔ながらの食生活、つまり、理想的な食事を長年続けているからです。だから、多少ムリをしても大丈夫!

　けれど、若い人たちはきちんと栄養を摂らないまま育ってきているのが現実です。食生活の多様化・欧米化などといわれて久しいですが、必要なカロリー量は摂取できても、体を作り、丈夫にするために必要なビタミンやミネラルなどの栄養素が不足しやすい状況になってきています。背も高く、足も長いのにすぐに骨折したり、風邪をひいたりしてしまう現代っ子たち。ベテランの方々とは明らかに体が違うといえるでしょう。そんな若いスポーツ選手の皆さんは、まず毎日の食事を見直すところからはじめてください。バランスのよい食事に変えることで必ず体調が変わります。もちろん、すぐに劇的な変化があるわけではありませんが、ひとつだけいえることは、「今のままの食生活を続けていたら確実に引退が早まる」ということなのです。

　では、何を食べたらよいのでしょう。私は「昔ながらの日本食」をおすすめしています。スポーツ選手の皆さんは日々過酷なトレーニングで体に負担をかけています。その上食事でさらに負担をかけないことが大切です。日本人の体に一番適していて、負担をかけることなく自然に栄養を摂ることができるのが、最も理にかなった昔ながらの日本食だと私は思います。

　少しでも選手生活を長く続けるために、ぜひ毎日の食事を見直してみてください。日々の積み重ねが大切なのは、スポーツの練習と同じことですよ。

基本のだしと
ソースの作り方

How to make soup & sauce

基本のだしとソースの作り方

かつおだし

1 弱火
2 強火
3

●材料 （できあがり：約1,500cc）

水 ……………………… 1,800cc
だし昆布 ………………… 25g
かつお節 ………………… 60g

●作り方

1 鍋に水と昆布を入れ、弱火で約20分煮て、沸とうする直前に昆布を引き上げる。
2 かつお節を入れてひと煮立ちさせる。
3 あくを取ってから、こす。

いりこ（煮干）だし

1
2 中火
3 中火

●材料 （できあがり：約1,000cc）

水 ……………………… 1,200cc
いりこ（煮干） …………… 70g
だし昆布 ………………… 20g

●作り方

1 いりこは、頭とはらわたを取り除く。
2 鍋に水といりこ（煮干）とだし昆布を入れ、中火で30分煮る。
3 あくを取ってから、こす。

野菜のだし

中火

● 材料 （できあがり：約1,000cc）

- 水 ……………… 1,200cc
- 酒 ……………… 600cc
- 玉ねぎ ………… 1／2個
- にんじん ……… 1／2本
- セロリ ………… 1／2本
- ローリエ ……… 1枚
- 固形スープの素 … 1個

● 作り方

1. 玉ねぎ、にんじん、セロリは薄切りにし、鍋に材料をすべて入れて煮る。
2. だしの量が2／3くらいになったら火をとめて、こす。

鶏肉のだし

中火 / **弱火**

● 材料 （できあがり：約800cc）

- 水 ……………………… 1,200cc
- 酒 ……………………… 100cc
- 鶏肉（骨付き・水炊き用） …… 300g
- 玉ねぎ ………………… 1／2個
- にんじん ……… 1／2本
- セロリ ………… 1／2本

● 作り方

1. 鍋に材料をすべて入れ、中火で30分煮る。
2. あくを取り、弱火で30分煮て、こす。

基本のだしとソースの作り方

ホワイトソース

1 弱火
2 弱火
3

●材料
- 小麦粉 ……………………50g
- 無塩バター ………………50g
- 牛乳 ………………………500cc
- 塩、こしょう、砂糖 ………少々

●作り方
1. 鍋に小麦粉をふるって入れ、弱火にかけ、小麦粉があたたまってきたら、湯せんでとかしたバターを入れてよく混ぜる。
2. 牛乳を人肌より少し熱めにあたためておき、少しずつ鍋に入れ、だまができないように練り混ぜる。
3. 塩、こしょう、砂糖で味を整えて、火を止める。

トマトソース

1 中火
2 弱火
3 弱火

●材料
- 野菜のだし(P.67参照) …900cc
- トマトジュース …………300ml
- 完熟トマト ………………1個
- 玉ねぎ ……………………1／2個
- 固形スープの素 …………1個
- ローリエ …………………1枚
- バター ……………………30g
- 塩、こしょう、おろしにんにく、トマトケチャップ ……各適宜

●作り方
1. トマトは湯むきして種をとったものを1cm角に切り、玉ねぎはみじん切りにする。鍋にバターを溶かし、玉ねぎを炒め、しんなりしてきたらおろしにんにくを加え、きつね色になるまで炒める。
2. 野菜のだし、トマトジュース、トマト、固形スープの素を入れて弱火で煮る。
3. ソースの量が1／3くらいになるまで煮詰め、塩、こしょう、トマトケチャップで味を整える。

Break Time

坂元美子のブレイクタイム ③

今、味覚が危ない！ 〜味覚障害から脱出するために〜

　インスタントや加工食品が安く手軽に手に入る今の時代。これらの食品に使われている化学調味料の味を、本気でおいしいと思っている子どもたちの将来が、非常に心配です。化学調味料の濃い味に慣れてしまうと、自然のだしや素材本来のシンプルな味が物足りなく感じてしまうのです。これは実に悲しいことです。

　味覚障害は、亜鉛の不足から起こると考えられます。亜鉛は新しく細胞が作られるときに必要なミネラルです。200種類を超える酵素の材料になるといわれていて、不足すると身体機能がうまく働かなくなります。亜鉛はカキなどの貝類をはじめ、玄米やぬかにたっぷりと含まれています。たとえば、玄米ご飯にぬか漬けを添えた、シンプルな昔ながらの日本食こそ、自然に亜鉛が摂れるメニューなのです。

　食品添加物に多く使用されているリンは、普通の食事からでも十分摂ることができます。これが加工食品を通して必要以上に体内に入ると、血液中のリンが増えるため、その均衡を保とうと、骨からカルシウムが血中に溶け出してしまいます。これはスポーツマンだけでなく、一般の人にとっても大きなマイナスです。昔「炭酸飲料を飲むと骨が溶ける」と噂されたことがあります。これはまったく根拠のない話ではないことがおわかりいただけたでしょうか。オレンジ味やグレープ味など、果汁のかわりに作られた人工甘味料も、ミネラルの吸収を妨げる原因となります。おやつのスナック菓子も同様に、エネルギーは摂取できますが、その他の栄養素が少ないだけでなく、ミネラルの吸収を妨げるものを多く含みます。「油で揚げている、食品添加物を多く含んでいる、味つけが濃い」これらの理由から、スナック菓子は食べないにこしたことはないでしょう。

　なぜこういった加工食品がいけないのか、その理由がわかったら、自分で食生活を考えることができます。手が込んでいなくてもよいのです。家庭で料理をすることの大切さに気づいてほしいと思います。

　同じ甘さでも、人口甘味料の甘さと食品が本来が持つ甘さはまったく違うものです。「味覚障害」の対策のひとつとしても、ぜひ昔ながらの日本食を見直していただきたいと思います。

あとがき

部活に忙しいお子さんたちを見守る
ご家族の方々へ

　よく「1日30品目」という目安について聞かれますが、部活動だけでも1日2時間以上、選手によっては1日6〜7時間のトレーニングを行っています。これに消化吸収にかかる時間を考慮したら、まず毎日30品目を摂るのは難しいことです。ならばオフの日にしっかり摂るようにすればいいこと。「毎日絶対に……」とノルマにするのではなく、1週間で補うくらいでもいいと思います。要は、必要なことがらを知った上で現実の生活にあてはめていくということなのです。

　何ごともこだわりすぎるとしんどくなってしまいますよね。食事作りそのものにストレスを感じるようになると、不思議と味にも悪影響が出てしまうんです。どうか肩の力を抜いて、7色の虹を頭に思いうかべてみてください。1日に必要な栄養素を7色でイメージして摂るように心がける、それだけでよいのです。特別にたくさん必要な栄養素なんてないのです。そして、ぜひお子さんたちと一緒に、食について考え、新しい発見を楽しんでみてください。
「食卓の上に7色（食）の虹を作ろう！」
　この本を読まれたすべての方々が、あざやかな7色の虹と共に楽しい食卓を囲まれますように。

坂元美子

ごあいさつ

　私どもは、淡路島で1971年から旅館業を営んできました。しかし、1995年の阪神・淡路大震災で甚大な被害を受け、追い討ちをかけるようなSARS騒動や台風による水害によって、一般の観光客の足が遠のきました。そんな中で、数多く利用していただいたのが、小中学生をはじめとするスポーツ少年たちの合宿と社会人スポーツ大会の関係者です。

　淡路島には優れた運動施設があり、2002年のサッカー・FIFAワールドカップ™ではイングランドチームを地域をあげて迎え入れました。その地域活動の一翼を担ったものとして、この経験を生かし、2006年、スポーツ合宿に特化したスポーツホテル「アテーナ淡路」として、リニューアルオープンしました。

　このホテルには、お子さんたちと築きあげてきたノウハウがたくさん生きています。中でもいちばん大きいものが、合宿中の食事です。好き嫌いの多い現代っ子は、食べ残しも多く、献立をずいぶん工夫しましたが、なかなか改善されませんでした。そんな中でたどりついたのが、この本で紹介されている「7色の虹」のプログラムです。食事の前に栄養の説明を長々としても、子どもたちはきちんと聞いてくれませんが、わかりやすい虹をあげることで、短時間の説明でも、必要な料理を自分で考えて食べてくれるようになりました。苦手なものでも、体のためにという理由づけで納得し、友だちと一緒の楽しい気分の延長で自然に口に入るため、食べ残しが大幅に改善されました。

　この淡路島は、その昔、「御食国（みけつくに）」として、朝廷に食べ物を献上していた歴史を持つ、豊かな食の土地です。新鮮な地場野菜に、瀬戸内海の恵みの魚介類、伝統的な日本の家庭料理がベースの献立ばかりです。仙台にオープンする2号店でも同じコンセプトでレストランを作ります。その土地によって使う食品は変わりますが、元気な子どもたちが、スポーツを通して大きく成長できるように、これからも料理を提供し続けたいと思います。

　ご家庭でもぜひこの献立を活用していただき、ご家族皆さんが健康でいられますよう、心より祈念いたします。

アテーナプロジェクト　代表
（株）アテーナホテルズ　代表取締役　　立石　裕明

■ 監　修

坂元 美子 (さかもと よしこ)
(株)アヴィススポーツ 管理栄養士・サプリメントアドバイザー

オリックス・ブルーウェーブ専属管理栄養士、甲南大学アメリカンフットボール栄養指導を経て現職。現在、履正社学園コミュニティ・スポーツ専門学校非常勤講師、女子サッカーINACレオネッサ管理栄養士も務める。社団法人全国野球振興会(日本プロ野球OBクラブ)会員。「アテーナ淡路」ではミールプログラムコーディネーターとして、食事面での監修や指導、食事献立などに携わる。

■ 献立・料理制作

星合 秀人 (ほしあい ひでと)
スポーツホテル「アテーナ淡路」料理長

兵庫県洲本市生まれ。幼少の頃からの料理好きが高じ料理人の道へ。和歌山市内の魚料理店で修業を積んだ後、淡路島に拠点を移す。2002年より石垣島のリゾートホテル「ヴィラハピラパナ」の料理長として和食を中心に腕をふるった後、2006年「アテーナ淡路」の料理長に就任。瀬戸内の新鮮な海の幸をふんだんに使った魚料理が得意。偏食が多い子どもたちにバランスよく食べてもらうために、工夫を凝らしたオリジナル料理には定評がある。

■ 著　者

アテーナ プロジェクト
http://www.spo-2.com

スポーツを通して健全な精神と肉体を作り、ワンランク上を目指すアスリートを応援するために、スポーツに関するあらゆる情報を集め発信している。現役選手の体調やメンタル面の管理から大会運営、さらには地域活性、選手のセカンドキャリアをテーマに、多岐にわたるジャンルの専門家やスポーツ愛好家がかかわるプロジェクト。

Special Thanks
- スポーツホテル「アテーナ淡路」の皆さん ……………… http://www.athena-hotels.jp/
- アヴィススポーツの皆さん ……………………… http://www.avispo.com/

撮影協力
- 兵庫県県立淡路佐野運動公園 ……………………… http://www.ballpark-awaji.jp/
- 甲南高等学校・中学校の皆さん ……………………… http://www.konan.ed.jp/
- 甲南大学 グリーンテニスサークル1回生の皆さん

「中高生のお母さんを応援する にじ色式 部活レシピ」

発 行 日　2008年5月24日 初版第1刷	企　　画　株式会社西日本出版社
著　　者　アテーナプロジェクト	制　　作　大阪書籍株式会社
発 行 者　内山正之	編　　集　千葉潮／アルゴ
発 行 所　株式会社西日本出版社	プロデュース　松田 きこ
〒564-0044 大阪府吹田市南金田1-11-11-202	取　　材　外園 佳代子
電　　話　06 (6338) 3078	沖 知美
Ｕ Ｒ Ｌ　http://www.jimotonohon.com/	写　　真　ヤマモト タカシ
印　　刷　大阪書籍印刷株式会社	ブックデザイン　ウエストプラン
製　　本　株式会社チューエツ	装　　丁　鷺草デザイン事務所

©Athena Project 2008, Printed in Japan　　ISBN 978-4-901908-37-5